Caroline Oblasser

Solo schläfer

Wie Mütter
ohne Mann im Bett
besser schlafen

Bibliografische Information der Deutschen Nationalbibliothek

Die Deutsche Nationalbibliothek verzeichnet diese Publikation in der Deutschen Nationalbibliografie; detaillierte bibliografische Daten sind im Internet über http://dnb.d-nb.de abrufbar.

2. Auflage	Januar 2015
© 2012–2015	edition riedenburg
Anschrift	edition riedenburg, Anton-Hochmuth-Straße 8
	5020 Salzburg, Österreich
E-Mail	verlag@editionriedenburg.at
Internet	editionriedenburg.at
Lektorat	Dr. Heike Wolter, Regensburg
Coverfotos	© Svetlana Fedoseeva - fotolia.com

Umschlaggestaltung, Satz und Layout: edition riedenburg
Herstellung: Books on Demand GmbH, Norderstedt

ISBN 978-3-902943-83-5

Inhalt

Auf Herbergssuche

Wenn mein Mann, die drei Kinder, die zwei kleinen Hunde und ich gemeinsam in den Urlaub fahren, ist das keine leichte Sache. Nicht wegen der Hunde, die brauchen kaum Platz. Aber die Herbergssuche für uns Menschen gestaltet sich bisweilen schwierig. So wie auch dieses Jahr, in dem nicht weniger als fünf Wochen dem Durchpflügen diverser Internetplattformen geopfert wurden, die zumindest die Suchoptionen „Anzahl Schlafzimmer" und „Haustier erlaubt" zuließen.

Dazu möchte ich Folgendes anmerken: Wir haben keine besonders gehobenen Ansprüche im Urlaub und sind Selbstversorger. Aber beim Thema „Schlafzimmer" gehe ich schon seit geraumer Zeit keine Kompromisse mehr ein. Dies ist auch der Grund dafür, dass wir immer Selbstversorger bleiben werden; ein Hotel mit unseren Anforderungen wäre nämlich nicht finanzierbar.

Zurück zum Kernproblem, dem Schlafzimmer bzw. dem Schlafen. Mein Mann in meinem Bett: Das geht gar nicht. Weswegen für meinen Mann, die Kinder und für mich drei Schlafmöglichkeiten getrennt voneinander gesucht und gefunden werden müssen – oder andernfalls der Urlaub ohne mich stattfindet.

Das war natürlich nicht immer so, und vermutlich wurden sogar unsere beiden Kinder im ehelichen Bett gezeugt. Aber seit dieselben da sind, hat mein Mann ausgedient. Zumindest in seiner ehrenwerten Funktion als Beischläfer. Pssst! Das sollte man nicht ganz so laut in der Öffentlichkeit breittreten, denn seltsame Blicke und Kommentare wie „Heeee? Was jetzt? Und wo schläft er denn nun?" wären vermutlich die Folge. Oder gar die Frage: „Läuft's nicht mehr so gut zwischen euch?"

Weit gefehlt, es lief nie besser! Aber eben erst, seit das Biedermeiersofa im Wohnzimmer aufgemotzt wurde und es einen neuen Lattenrost und eine dauerschlaftaugliche Matratze bekam.

Für ihn, für meinen Mann. Denn er beschläft jetzt nicht mehr meine Schlaflosigkeit, sondern den schönsten Raum in unserer Wohnung. Gemütlich hat er es dort, und seine Zeit, um die Schlafutensilien des Abends und des Morgens her- und wegzuräumen, ist auf jeweils unter sechs Minuten geschrumpft – Übung macht eben den Meister! Die sechs Minuten sind ein guter Schnitt, wie ich finde.

Und sie sind noch viel mehr als das: Sie sind nämlich jede einzelne meiner bislang durch seine bloße Anwesenheit entgangenen Schlafminuten, Schlafstunden, Schlaftage, Schlafwochen, Schlafmonate und Schlafjahre wert.

Nach Omas Rezept

Eigentlich hätte ich es mit dem Schlafen ja von Anfang an besser wissen können. Genauer gesagt: mit dem Schlafenkönnen als Mutter, die gerne und langé stillt und deswegen über die Jahre spezielle Fähigkeiten entwickelt hat, die es ihr leider unmöglich machen, einen erwachsenen Mann neben sich im Bett zu ertragen. Aber dazu später mehr.

Hätte ich nur instinktiv das Rezept meiner Oma befolgt. Oma schlief nämlich schon seit ewiger Zeit nicht mehr gemeinsam mit Opa in einem Zimmer. „Eine Dame braucht ihr eigenes Schlafzimmer", erklärte sie mir als junges Mädchen, und ich dachte damals, die Nähmaschine von Oma hätte neben Opa wohl sonst nicht genügend Platz.

Als ich reifer wurde und Jungs langsam in mein Leben traten, fiel mir mehr und mehr auf, dass Oma und Opa doch sehr verschiedene Schlafgewohnheiten hatten. Opa verwendete äußerste Sorgfalt darauf, seinen Schlafraum blick- und lüftungssicher zu gestalten. Die Vorhänge waren fest zugezogen, und das Fenster gummidichtungsfest verschlossen. Er benützte zwei Kopfpolster und zwei Daunendecken, die auch im Sommer mit Flanellbettwäsche überzogen waren, und ging auch im August mit langem Pyjama zu Bett.

Opa war ein Fröstling, und deshalb waren ein warmes Schlafzimmer, warme Bettsachen und eine gut verschlossene Schlafzimmertür die Grundvoraussetzung für ihn, sich wohlzufühlen.

Oma hingegen liebte es luftig. Sie schlief auch im Winter bei gekipptem Fenster, lief oft splitternackt vom Bad in ihr Zimmer und auch anderswohin und hatte nachts lediglich ein dünnes Nachthemd an. Ihr Sauerstoffbedarf und ihre Lust

8   auf Freiheit waren groß, und so hatte sie schon früh den Entschluss gefasst: Opa schläft woanders. Nicht nur, dass Opa in einem anderen Raum schlief, er schlief auch in einem anderen Stockwerk des Hauses, was bei der Planung bereits Berücksichtigung fand.

So kamen sich Oma und Opa offenbar nicht unnötig in die Quere – und das, obwohl sie zumindest einmal nachweislich reproduktionstechnisch aktiv gewesen waren.

Verknallt – und dann schwanger

Wenn du verliebt bist, sind deine Schlafgewohnheiten simpel: Du packst es nämlich locker, einen Kerl in deinem Bett zu haben und dich seinem männlichen Schlafrhythmus, seinen Ausdünstungen und seinem Platzanspruch zu unterwerfen. Ihr kuschelt euch Seite an Seite in ein Doppel- oder gar Einzelbett und seid womöglich so stark ineinander verknallt, dass sogar eine gemeinsame Bettdecke – als Ausdruck absolut vollkommener Verschmelzung – ausreicht.

Sobald Eizelle und Spermium miteinander verschmolzen sind, sieht die Sache womöglich bedeutend anders aus. Bereits während der Schwangerschaft stellst du fest, dass der Geliebte bei den erforderlich gewordenen nächtlichen Toilettengängen fehl am Platz ist und irgendwie im Weg liegt. Außerdem blockiert er die zweite, dir zustehende Schlafseite des Bettes, zu der du ein paar Beine oder auch Arme hinwerfen könntest, beim Versuch, dich und deinen Bauch bequem zu positionieren. Eure sexuellen Bedürfnisse verändern sich, und dein Bett bekommt nach und nach einen nesthaften Stellenwert. Vielleicht noch ohne dass du es merkst, bereitest du dich auf die Ankunft deines Kindes vor.

Dein genetisches Urprogramm sagt dir, dass du den Fortpflanzungstrieb erst mal auf Eis legen kannst und die nächsten Monate andere Bedürfnisse stillen wirst als die deines Mannes und Befruchters. Was nicht heißt, dass du nicht Lust auf dich selbst verspürst...

Du spürst nach und nach, dass deine Sinnesempfindungen auf „schwanger" schalten, und nimmst Gerüche viel intensiver wahr als zuvor. Den Spruch, dass man jemanden „nicht riechen" kann, kennst du – und nun weißt du auch, was er bedeutet. Das, was da neben dir liegt und mit dir noch vor

Kurzem schwitzig-eifrig am Nachwuchs gebastelt hat, dünstet nun olfaktorische Köstlichkeiten aus, die nicht mehr in dein Genuss-Portfolio zu passen scheinen. Es riecht nach Mann. Besser gesagt: Es stinkt. Und keine 1.000 Duschgänge können deine feine, auf Baby gepolte Nase vom Gegenteil überzeugen.

Doch dann ändert sich die bis dahin latent unbefriedigende Situation dramatisch, denn nun ist es da: das Kind, das lang ersehnte. Und mit einem Mal wird klar: Das Gitterbett mit Himmel, das du schon vor Wochen in deiner Lieblingsfarbe bestellt und gemeinsam mit dem werdenden Papa voller Stolz aufgebaut hast, kann nicht stillen (und auch nicht die Flasche geben). Das bedeutet: Der bei Säuglingen mehrfach erforderliche nächtliche Transportservice (aus dem Gitterbett ins Elternbett und wieder retour) zum abends unter schwierigen Umständen (und eventuell unter lautem Geplärr) im kalten Gitterbett abgelegten Baby gerät zum regelmäßigen Büßergang für dich mit garantiertem Aufweck-Faktor.

Deshalb überlegst du insgeheim, dass es wohl viel praktischer wäre, den Säugling in der kuschelig nach Mama duftenden Nähe deiner Brüste zu positionieren und ihn zum Stillen lediglich zu dir herzurollen (das Wegrollen entfällt in der Regel, weil du beim Stillen einschläfst und sich dann eine natürliche Mama-neben-Baby-Position ergibt).

Hört sich das nicht wunderbar schlaraffig an? Bequem und mit genau der Faulheit, die dir als Vollzeit-Mama nun zusteht, würdest du nachts keine unnötige Millisekunde beim Ausstieg aus dem Bett verlieren und könntest glatt so tun, als ob du eine Bettwanze wärst.

Wenn – ja wenn da neben dir und dem Baby ausreichend Platz wäre, um kreuz und quer so zu schlafen, wie du es jetzt als junge Mutter von Zeit zu Zeit nach Lust und Laune tun möchtest. Platz, der momentan von jemandem besetzt wird, der noch weniger Funktion als das – eventuell zum Beistellbett mit einer offenen Bettseite umfunktionierbare – Gitterbett hat.

Nämlich von deinem Mann!

Er nimmt (zusätzlich zu den bereits beschriebenen Nachteilen) als ausgewachsenes Bürschchen unverschämt viel Raum ein, der ihm spätestens seit der Geburt deines Kindes nicht mehr zusteht. Deswegen muss er gehen, und du kannst ihm in aller Ruhe erklären, warum. Schonungslos, ehrlich und mit sofortiger Wirkung.

Dein Partner darf – trotz oder gerade wegen eurer Liebe – ausziehen und sich dafür gleich auch etwas ausziehen: Das Sofa nämlich, das du beim Eintausch der Gutscheine für unnötige, teure Kindersachen (zum Beispiel Babywippe, Babywaage und Co) günstig im Möbelhaus deines Vertrauens erstanden hast.

Das Problem der anderen Schlaf-Lern-Bücher

Vielleicht hast auch du schon einmal herkömmliche Schlaf-Lern-Bücher in der Hand gehabt. Zum Beispiel solche, in denen davon die Rede ist, dass alle Kinder dieser Welt das Schlafen lernen können. Als ob sie im Bauch der Mutter nicht schon genug Erfahrung damit gesammelt hätten (man sieht daran bereits: das Buch wurde ganz offenbar von Erwachsenen geschrieben).

Doch die meisten dieser teils recht anti-intuitiven Schlaf-Lern-Bücher verkennen das Kernproblem der Schlaf-Frage aus mütterlicher Sicht. Dieses Kernproblem besteht nämlich nicht im Kind, das immerhin von seiner Mutter geboren wurde und in ihre Richtung auch recht rasch seine Bedürfnisse nach Nahrung und Nähe zum Ausdruck bringt (z.B. durch Schreien und Weinen). Nein, das Kernproblem des mütterlichen Schlafentzugs nach der Geburt liegt vielmehr in genau jener Person, die das Kind zwar anteilig gezeugt hat, aber zumindest nachts jetzt nicht mehr unbedingt gebraucht wird: dem Vater.

Verzichte daher, wenn du das Gefühl hast, selbst zu kurz zu kommen, auf jene Schlafprogramme, bei denen dir erzählt wird, dass du nachts dein soeben geborenes Kind ausquartieren und stattdessen neben deinem Mann verharren sollst. Du bist oft genug neben deinem Mann eingeschlafen und wieder aufgewacht, und vor allem aufwachen wirst du mit Baby neben ihm ab jetzt viel häufiger, als dir lieb ist – während er genüsslich weiterschläft wie ein Bär und sich stellenweise auch so anhört.

Behalte also besser das unsagbar schnuckelige Kind – und wirf den Mann aus dem Ehebett.

Dein Mann ist bereits erwachsen. Er kann gehen, selber ins Klo pieseln, sich Essen richten und sogar E-Mails verschicken. Dein Baby hingegen ist die meiste Zeit auf dich angewiesen und braucht in fast allen Dingen deine Unterstützung.

Lediglich in einigen Sachen ist es bereits Profi: im Schlafen zum Beispiel, denn geschlafen hat es schon sehr viel in seinem Leben. Und im Trinken, denn das Fruchtwasser hat es monatelang bereits vor der Geburt verkostet. Und im Pieseln, denn auch das tat es in deinem Bauch schon wie ein Weltmeister und tut es nun am liebsten an frischer Luft.

Zusammengefasst spricht nichts dafür, dein Kind auszuquartieren, aber alles dafür, dass dein Mann Leine zieht. In welches Zimmer auch immer. Du und er, und vor allem du und das Kind, ihr habt ein Recht auf getrennten Schlaf, und du als Mutter solltest dir erlauben, dieses Recht so früh wie möglich für dich und das Kind in Anspruch zu nehmen.

So hast du eine Chance, um langfristigen, durch männliche Präsenz intensivierten Schlafentzug herumzukommen, und kannst dich außerdem im Rhythmus deines Kindes den von Mutter Natur recht clever eingerichteten Schlafzyklen hingeben.

Vom Gitterbett zur Wurfkiste

Nahrung, Nähe, Nestwärme und Schlaf – dein Kind ist sehr genügsam und überaus günstig in seinen Ansprüchen, wenn es geboren wird. Du darfst daher unsinnige und zum Teil sogar gefährliche Anschaffungen (wie z.B. eine Wickelkommode – Sturzgefahr!) tatsächlich in einen Gutschein für das bequeme Ausziehsofa deines Mannes umwandeln und dich in aller Ausführlichkeit der Gestaltung deiner Wurfkiste widmen. Willkommen im Mama-Schlaf-Modus!

Das Prinzip ist dabei ähnlich wie bei tierischen Wurfkisten, nur, dass du die begrenzenden Rausfallstopper am Mutterbett nicht schon zur Geburt benötigst. Ganz so rasch sind Menschenbabys eben doch nicht aktiv.

Wenn du das oben bereits erwähnte Gitterbett bereits gekauft und umtauschunmöglich verwendet hast, dann verzweifle nicht, sondern freue dich auf ein Re-Design. Du brauchst das Gitterbett nämlich nicht wegzuwerfen, sondern kannst ein durchaus praktisches Beistellbett daraus basteln. Eventuell hat dein Gitterbett diese Funktionalität bereits vorgesehen und es lässt sich eine Breitseite unschwer abschrauben. In diesem Falle kannst du vermutlich auch den Gitterbettboden halbwegs stufenlos verstellen, sodass das Bett genau auf Höhe deines eigenen Bettes angedockt werden kann.

Wenn du ein normales, wirklich nur als Gitterbett gedachtes Gitterbett gekauft hast, kannst du etwas tricksen und das Gitterbett quasi dazu zwingen, ein Beistellbett zu werden. Löse die Schrauben einer Breitseite und fixiere dann das herabhängende Gitterbettbodenteil mit etlichen Kabelbindern auf der gewünschten Höhe. Lass dir von deinem Mann dabei helfen und probiere aus, ob das nun in ein Beistellbett umgewandelte Möbelstück dein eigenes Gewicht aushält. Tut es das, so wird auch das Baby nicht durchkrachen.

Denk am Ende deiner Einstellungsarbeiten daran, Beistellbett und Mutterbett fix miteinander zu verbinden, damit das Beistellbett dicht an deiner Seite bleibt und nicht wegrutschen kann. Auch hier bieten sich Kabelbinder an, bei denen du jeweils aufpassen solltest, dass die Kabelbinderschwänze für niemanden stechgefährlich werden können. Seine abstehenden Teile sollten daher in Richtung Boden schauen und gegebenenfalls mit Klebeband umwickelt werden.

Bravo! Du hast nun ein in der Breite verbreitertes Mutterbett und noch mehr Platz für dich. Gleichzeitig hast du auch einen – zumindest um das Beistellbett herum – wirksamen Rausfallschutz für dein Kind.

Du denkst, einen Rausfallschutz braucht es nicht, weil ein Baby doch eh so brav und ruhig liegen bleibt? Wenn du dich da mal nicht täuschst. Vielleicht früher als du denkst, wird das Baby mobil, wälzt sich und krabbelt herum – und zwar auch dann, wenn du gerade nicht vor Ort bist und es nach dem restlichen, allein getätigten Mittagsschläfchen auf abenteuerliche Gedanken kommt. Umwickle deshalb auch die Gitterstäbe mit weichem Stoff, damit sich kein Ärmchen oder Beinchen deines Kindes darin verheddern kann und es sich nicht den Kopf daran anschlägt.

Ich empfehle dir außerdem, alle anderen offenen Seiten deines Mutterbettes rausfallsicher zu gestalten – sicher ist sicher. Es gibt hierfür (teils günstige, teils etwas teurere) Fix-und-fertig-Varianten (zum Beispiel aus Holz oder aus Plastik), die meist universell einsetzbar sind und mit langen, flachen Haltern unter der Matratze befestigt werden. An deren Rand ragen sie dann senkrecht in die Höhe und verhindern zumindest das unbeabsichtigte Herauskugeln des Kindes. Manche

 Profi-Herausfallschützer kann man in der Länge geringfügig verstellen, aber so lang, dass es die gesamte Breitseite eines Erwachsenenbettes rausfallsicher schützen würde, ist meines Wissens derzeit noch kein Modell. Dein Kombinationsgeschick ist daher gefragt, um die gesamte Bettlänge im Sinne einer Wurfkiste abzusichern.

Dazu mehr in den folgenden Beispielen:

- Kombiniere Profi-Herausfallschutz mit einem Klein-Möbelstück wie zum Beispiel einem Nachtkästchen oder verrücke Möbelstücke, damit du deinem Bett eine „Wand" baust.

- Verwende – diese Variante bietet sich vor allem für unterwegs an – mehrere Stühle, die du mit der Lehne an das Bett stellst und zum Beispiel mit Reisekoffern beschwerst oder fixierst, damit sie nicht wegrutschen können.

- Stopfe gerollte Decken oder andere geeignete Textilien in die Lücke zwischen Matratze und Möbelstücken bzw. Stühlen (denn du glaubst gar nicht, wohin sich kleine Kinder überall verkugeln können im (Halb-)Schlaf).

- Lege, wenn du das Gefühl hast, dass dies sinnvoll sein könnte, den Boden mit weichem Material aus, das im Falle eines trotz aller Vorsichtsmaßnahmen stattfindenden Sturzes diesen abdämpft. Spezieller Tipp für den Urlaub: Im Urlaubsgepäck findet sich eventuell eine aufblasbare Luftmatratze oder Ähnliches, die/das als Stoßdämpfer eine gute Wirkung entfalten kann.

- Eventuell bietet es sich auch an, die Breitseite deines Mutterbettes direkt an die Wand zu schieben und das Bett, wenn nötig, dafür zu drehen. Bedenke aber, dass nicht jede Bettposition im Raum auch gut ist (Wasseradern, Stromleitungen, Fenster, Außenwände, ...) und es von der

(Außen-)Wand und einem zu nahen Fenster her ziehen kann.

- Probiere daher aus, was sich langfristig als günstig herausstellt, und zögere nicht, deine bisherigen Maßnahmen nach und nach zu optimieren.

- Dazu gehört zum Beispiel, das Beistellbett mit zunehmendem Längenwachstum des Kindes ebenfalls wachsen zu lassen. Wie das geht, möchtest du wissen? Im Falle des ehemaligen Gitterbettes leider gar nicht, aber aus diesem kannst du mit etwas modischem Geschick ein hübsches Kindersofa zaubern. Nähe dir eine Husse, die auch die Gitterbettbeine verdeckt, und platziere günstige Kissen vor den nun durch Stoff überdeckten Gitterstäben. Deine Kinder werden das Sofa untertags lieben, weil man so herrlich tief darin versinken kann – und du wirst es auch lieben, weil sich unter der Husse so wunderbar viel Kinderkram „unsichtbar" verstauen lässt.

- Wo einst das Beistellbett stand, möchte nach einigen Jahren vielleicht immer noch die eine oder andere kindliche Nachteule unterkommen und zieht daher irgendwann des Nachts ganz ohne Vorwarnung bei dir ein. Schon wieder stellt sich die Frage des eigentlich zu kleinen Mutterbettes, das in seiner Funktion als ehemaliges Ehe- und Doppelbett nach einer Zeit der Alleinbeschlafung gefühltermaßen gerade groß genug ist, um genau dich als Mutter zu beherbergen und niemanden sonst.

- Sorge daher an der nun frei gewordenen Breitseite abermals für eine Verbreiterung. Hier bietet sich zum Beispiel eine günstige, flache, hölzerne Gartenliege an, die dann auf voller Länge das Mutterbett ergänzt. Nicht nur im Möbelhaus mit den vier Buchstaben gibt es preiswerte Matratzen für eigentlich nicht als Besucherbett gedachte

Liegen. Solch günstige Matratzen kann man aufgrund des günstigen Preises auch zerschneiden und in weiterer Folge auf der Gartenliege platzieren.

- Stopfe, wo auch immer sie sich ergeben, die Ritzen zwischen zwei nebeneinander liegenden Matratzen gewissenhaft mit geeignetem Material aus, um unbequeme Vertiefungen und eine sogenannte „Besucherritze" zu vermeiden. Es gibt inzwischen sogar schon professionelle Ritzenfüller aus Schaumstoff (2 Meter lange Keile mit einem flachen oberen Teil), die du dir leisten solltest, wenn sie für dich praktisch erscheinen. Speziell für Stillende ist es nämlich äußerst unangenehm und auf die Dauer rückenunfreundlich, wenn du aus der Ritze oder Matratzenvertiefung heraus seitlich stillst und somit eine dauerhaft verkrümmte, absolut unphysiologische Position einnimmst.

- Zusammengefasst: Verbreiterung am Mutterbett fixieren, Rausfallschutz an der neuen Breitseite anbringen – und fertig bist du für die nächsten paar Kinder(jahre), die in welchem Alter auch immer in dein Bett krabbeln und nun ihren eigenen, langen Babybalkon genießen dürfen, ohne dich zu stören... (Wenn das mit dem „Mama bitte nicht stören" wenig klappt, probiere mal, um 180° gedreht zu schlafen, also mit den Füßen beim Kopf des Kindes. Dieser minimale private Abstand im Mutter-Kind-Bett könnte einen beruhigenden Effekt auf dich haben, weil du nicht mehr jeden Minimucks des Kindes wahrnimmst, sondern nur bei jedem zweiten Minimucks geweckt wirst.)

Ja, und wer weiß – bei einem so schönen, geräumigen Babybalkon kann es sogar passieren, dass du deinen Mann testweise wieder einquartierst. Aber nimm dir für den Anfang nicht zu viel vor. Er hat jetzt sein eigenes Reich, und das sollte erst mal reichen und darf auch so bleiben.

Kinderschutz in deinem Bett

Vermutlich hast du schon einmal davon gehört, dass der Plötzliche Kindstod (SIDS) auch mit der Schlafsituation von Babys in Zusammenhang gebracht wird. Man weiß leider noch immer nicht genau, warum manche Babys ohne Ankündigung einfach so im Schlaf versterben.

Aber auch unabhängig von dieser furchtbaren Möglichkeit solltest du bei kleinsten Mitschläfern stets auf folgende Punkte gewissenhaft achten:

- Entferne unnötige Bettstücke (Polster, Decken) und Stofftiere, die dein Baby beim Atmen behindern oder es versehentlich überdecken könnten, aus dem gemeinsamen Bett.

- Vermeide es, dass das Baby alleine im Mutter-Kind-Bett schläft und sich dort womöglich nach dem Herumwälzen und Herumkrabbeln in deiner Mutterdecke verfängt bzw. von dieser überdeckt wird.

- Babys, die in einem passenden Schlafsack stecken, können sich nachts nicht abdecken und haben dafür schöne warme Füße. Außerdem können sie sich nicht in einer (evtl. übergroßen) Decke verwickeln und so beim Atmen behindert werden.

- In welcher Position schläft dein Baby? Offenbar ist die Rückenlage wesentlich günstiger als die Bauchlage. Die Seitenlage solltest du nur zum Stillen verwenden, da das Baby ohne Aufsicht aus dieser heraus auf den Bauch rollen könnte.

- Du tust genau das Richtige, um nicht zu sagen, das Beste, wenn du dein Kind voll stillst und ihm mindestens während des ersten Lebenshalbjahres keine Zusatz- bzw. Ersatznahrung fütterst. Dass dein Kind mehrmals pro Nacht an die Brust möchte, ist normal, natürlich und aus kindlicher Sicht äußerst gesund. Erhoffe dir daher in den ersten Lebensmonaten deines Babys keine „durchschlafene" Nacht im klassischen Sinn. So eine Nacht kann vorkommen, aber sie ist bei voll gestillten Babys eher die Ausnahme denn die Regel. Als stillende Mutter wirst du außerdem noch hellhöriger und instinktgesteuerter, was die Bedürfnisse deines Kindes angeht, und kannst so rascher auf diverse Reize reagieren.

- Die Mutter und jede andere Person, die mit Kindern in einem Bett schläft, sollte keine Mittel zu sich nehmen, die sich auf Wahrnehmung oder Bewusstsein auswirken. Dazu gehören Alkohol, aber auch Schlaf- und Beruhigungsmittel.

- Achte darauf, dass der Raum, in dem du mit deinem Kind schläfst, im Winter nicht überheizt wird und generell nicht zu warm ist. Der Schlafraum sollte außerdem eine angenehme Luftfeuchtigkeit haben. Du kannst bei Bedarf Luftbefeuchter mit Heißwasserverdampfung benützen, die spucken sehr sauberen Dampf aus und geben außerdem ein beruhigendes weißes Rauschen von sich, das andere Geräusche übertönt.

- Sind die Matratzen uralt oder entsprechen sie dem modernen Schadstoff-Standard? Eventuell ist es Zeit für einen Wechsel. Die Matratzen sollten außerdem fest sein und nicht alt oder durchgelegen.

- Wasserbetten sind für kindliche (Mit-)Schläfer eher ungeeignet.

- Ebenso solltest du mit Kleinkind nicht auf einem Klappsofa schlafen. Hierbei könnte das Kind in die Mittelritze rutschen, wo es nicht ausreichend Luft bekommt.

- Verwendest du ein umwelt- und kinderfreundliches Waschmittel? Verzichte auf Weichspüler und unnötige synthetische Waschmittelzusätze. Sie können Allergien und Atembeschwerden auslösen. Bedenke, dass dein Kind im Bett die gesamte Schlafenszeit über mit den nach dem letzten Spülgang übriggebliebenen Ausdünstungen der Waschsubstanzen konfrontiert wird, ob es will oder nicht. Schmutz- und Müffelwäsche kannst du zum Beispiel ohne Zuhilfenahme von Kaufsubstanzen an der Sonne bei frischer Luft trocknen lassen. Der Duft sauberer Wäsche ist wesentlich angenehmer als der synthetisch erzeugte Parfum-Geruch diverser Waschmittel und Weichspüler, denn sie überdecken in der Regel nur die nicht ausgewaschenen Geruchsbakterien, die durch das direkte Sonnenlicht jedoch großteils vernichtet werden.

- Größere Geschwisterkinder sollten mit kleinen Babys nicht im gemeinsamen Bett schlafen, weil sie andere Schlafgewohnheiten haben. Sie rollen nachts teils kreuz und quer durchs Bett und schleifen bei dieser Gelegenheit auch noch ihre Bettdecke bzw. das Kopfkissen mit.

- Haustiere sind liebe Zeitgenossen, aber im gemeinsamen Bett mit Kleinkindern haben sie nichts verloren. Wenn etwa der Familienhund nicht auf dem zugewiesenen Schlafplatz am Boden bleibt, sondern lieber heimlich ins Mutter-Kind-Bett krabbelt, dann sollte er mit einer verschlossenen Tür Abstand zu den Schlafenszeiten ausgesiedelt werden.

- Lüftest du den Schlafraum häufig genug und ist die Luft frisch, frei von Schimmel, Abgasen und Zigarettenrauch? Wenn du Raucherin bist, hör besser damit auf, denn du dünstest auch im Schlaf den typischen Rauchergeruch aus und verunreinigst somit die Atemluft deines Kindes. Wenn du mit einem Raucher verheiratet oder verwandt bist: Verweise ihn zum Rauchen auf den Balkon oder auf die Straße und achte darauf, dass er wegen der nächtlichen Ausdünstung nicht im selben Zimmer bzw. Bett schläft wie das Kind. In einer Wohnung, in der Kinder leben, haben Zigaretten (im trockenen oder glühenden Zustand) absolut nichts verloren. Dass auch im Auto nicht geraucht werden sollte, versteht sich von selbst.

Langfristig einziehende Kinder

An dieser Stelle folgt ein weiterer Praxis-Tipp für später, das heißt für die Zeit, wenn du vielleicht schon das zweite Kind hast. Nicht nur das kleinere Kind, sondern auch das größere will vielleicht immer noch gelegentlich bei dir schlafen und zieht zu unvorhergesehenen Zeiten als nächtlicher Untermieter ein.

- Es ist mühsam und wenig befriedigend, nachts nach zusätzlichem Bettzeug zu suchen. Lass daher ein zweites Bettzeug-Set, das du bei Bedarf mit einem verschlafenen Handgriff kindertauglich herrichten kannst – eventuell platzsparend gefaltet – immer neben deiner bevorzugten Schlafseite liegen.

- Ebenso empfiehlt es sich, das gesamte Bett inklusive Anstellbett vor nächtlicher Nässe zu sichern. Nicht, dass du selbst nach der Geburt inkontinent wärst, aber so kannst du dem fallweise stattfindenden Einnässen deiner Kinder gelassen entgegensehen und brauchst auch bei teuren Futon-, Latex- oder Pferdehaar-Matratzen keinen hysterischen Anfall zu bekommen. Wähle, um ganz sicher zu gehen, zwei Lagen nässefestes Spannbetttuch, von denen du im Falle des Falles rasch eine abziehen und in die Badewanne werfen bzw. in die Waschmaschine stecken kannst.

- Für kleine Babys, die windelfrei aufwachsen und gelegentlich nachts „leck" sind, reicht ein Lammfell mit Windelauflage. Diese wird fallweise feucht, und das Lammfell bleibt schön trocken, weil es sich aufgrund seiner nässeabweisenden Eigenschaften nicht mit Pipi vollsaugt. Du kannst es an der Sonne lüften, solltest es aber nicht zu oft waschen und wenn, dann nur mit geeignetem Wollwaschmittel, das auch imprägnierendes Lanolin (Wollfett) enthält.

- Wenn Kinder nachts nach Belieben bei dir einziehen, sollte der Weg zu deinem Bett mit diskreten, blendfreien Nachtlichtern so beleuchtet sein, dass niemand stolpert oder sich verläuft. Du hast als Nachtlotse sonst einiges andere zu tun, spar dir die Laufarbeit lieber. Ein Kind, das schon laufen kann und zu dir will, zum Transfer selbst aus dem Bett abholen zu müssen, ist unnötiger Aufwand, und du wirst es im späteren Leben noch oft genug von irgendwo abholen müssen. Übe daher mit dem Kind den nächtlichen Weg zu deinem Bett, damit du auch bei Kinderbesuchen weiterschlafen kannst und nicht geweckt wirst.

- Übe außerdem den Weg aufs Klo, sobald dein Kind selbstständig die Toilette besucht. Alternativ kannst du den guten, alten Nachttopf wiederbeleben und in so ziemlich jedem Zimmer einen vorrätig halten. Vergiss aber nicht, die Nachttöpfe kippfest zu installieren und möglichst rasch nach der Befüllung zu entleeren. Ein voller Nachttopf, der umkippt, ist so unnötig wie der Tritt in eine feuchte Hundewurst, und du wirst noch lange an dieses Unglück zurückdenken. Vor allem, wenn das Malheur auf einem Teppich passiert, der nun nachhaltig müffelt und den Charme eines öffentlichen Pissoirs versprüht. Weise zur Sicherheit auch deinen Mann auf die Position diverser (möglicherweise gefüllter) Nachttöpfe hin, denn auch er hat als großgewachsener Erdenbürger mit den Augen weit oben die Chance, mit nur einem kleinen Fehltritt für viel Arbeit zu sorgen. Und drei Mal darfst du raten, wer die Misere des umgekippten Nachttopfes beseitigt, wenn sich dein Jäger hurtig auf die Jagd ins Büro macht ...

Hier ein heißer Tipp für die geruchsneutrale Praxis, falls es doch ein nasses Malheur gibt: Es gibt spezielle umweltfreundliche sowie ungiftige Bakterienkulturen, die den unangenehmen Geruch nach und nach verschwinden lassen, indem sie

die organischen Geruchsquellen zersetzen. Man bekommt
diese Bakterienkulturen in Form von fertiger oder noch zu ver-
dünnender Flüssiglösung im (Internet-)Fachhandel des Vertrauens, Stichwort „Geruchskontrolle". Diese Bakterien machen übrigens keinen Unterschied zwischen Menschen- oder
Tierurin und sie freuen sich auch über ausgelaufene Milch
oder Erbrochenes. Mahlzeit, euch Bakterien!!

Deinen Mann auf den Auszug vorbereiten

Nun hast du bereits von vielen Dingen gelesen, die passieren können, wenn Kinder im Haus sind. Doch zurück zum Start und damit zum wahren Ausgangspunkt des nächtlichen Schlafproblems: nämlich zu deinem Mann. Und dabei sind wir nun definitiv bei der von dir zu leistenden Überzeugungsarbeit in Sachen „Du ziehst aus" angelangt.

Der Dein-Auszug-voller-Überzeugung-Plan kann dir dabei helfen, besonders glaubwürdig rüberzukommen und das Ego deines Partners nicht zu schmälern, sondern es sogar noch zu stärken. Bist du bereit? Dann lass uns beginnen. Verinnerliche die nachfolgenden Punkte und lerne sie am besten auswendig, damit du später nicht spicken musst.

1. Der Liebesbeweis

Erkläre deinem Mann zuallererst, dass du ihn liebst und die Zeit im gemeinsamen Doppelbett ganz wundervoll war. Mit Betonung auf „war", denn diese Phase ist nun fürs Erste auf unbestimmte Zeit vorbei. Zumindest, was die Nächte angeht ...

2. Die Zukunft

Wenn du schon dabei bist, die Vergangenheit hochleben zu lassen, nutze auch gleich die Gelegenheit, um zu betonen, dass sich mit der Geburt eures Kindes die wohl größte Veränderung in eurem Leben ereignet hat, die man sich nur vorstellen kann. Kein Auto- oder Wohnungskauf war jemals so bedeutsam, und nicht einmal eure Hochzeit, so sie denn stattgefunden hat, lässt sich auch nur ansatzweise mit dem vergleichen, was nun auf euch zukommt bzw. schon begonnen hat. Für diese Umstandsveränderung – heraus aus den

Umstandsklamotten, hinein in die Familienkiste – gab es keine Probe, weswegen der Auszug deines Mannes für ihn auch unangekündigt und überraschend kommen darf. Für den Fall, dass er wissen will, warum diese Änderung der ehelichen Schlafsituation nicht schon von Anfang an so geplant war und man bei der Aufteilung der Wohnung sein Herrenzimmer vergessen hat, betone, dass die Zukunft voller unplanbarer Überraschungen steckt und nicht alle so schlau sind wie meine Oma und mein Opa (lies weiter oben nach ...).

3. In freier Wildbahn

Ein echter Kerl wird dem Abenteuer, endlich wieder in freier, selbst zu gestaltender Wildbahn (zum Beispiel auf dem Sofa im Wohnzimmer) schlafen zu dürfen, voller Begeisterung entgegensehen. Klopfe deinem Mann auf die Schulter und ermutige ihn dazu, diese Herausforderung aus vollem Herzen anzunehmen. Erzähle ihm von seinen urtypischen Artgenossen vergangener Jahrtausende und wecke den Jäger in ihm! Als Steinzeitmann lag er nicht gemeinsam mit seiner Brut und dem Weib im zentralgeheizten ehelichen Schlafzimmer, sondern musste auf der Hut sein vor gefährlichen Säbelzahntigern.

In seiner neuen Funktion – als Alleinherrscher im Wohnzimmer – kann er diese Vorhut-Position wieder zum Leben erwecken und sollte sich seiner großen Aufpasser-Verantwortung voll und ganz bewusst sein. Selbst dann, wenn seine Jagd auf Nahrung beim Kühlschrank in der Küche endet.

4. Kollegentratsch

Ermutige deinen Mann ebenso dazu, beim Tratsch unter Kollegen auf seine neue, besondere und aufregende Schlafsituation hinzuweisen und so auch Werbung dafür zu machen. Vielleicht, aber überlasse diese Details deinem Mann, möchte er dabei auch betonen, dass er nun des Nächtens im Wohnzimmer den Fernseher für sich alleine hat. Dass er fallweise mangelnde Nähe zur Weiblichkeit durch Handarbeit und televisionäre Anreize zu ersetzen bzw. ergänzen weiß, wird er wohl lieber für sich behalten wollen...

5. Vom Schreibtisch in die Praxis ohne <STRG + Z>

Ist das Leben für deinen Mann nicht herrlich! Er hat eine Auszeit von Ehe, Weib und Kind und kann sich fast wieder benehmen wie ein junger, wilder Student. Vorausgesetzt, er bringt zuverlässig das Geld nach Hause und räumt sein Nachtlager selbstständig beiseite. Sollte er sich diesbezüglich allzu ungeschickt anstellen und darauf verweisen, dass er es – vor allem in der Früh – nicht auf die Reihe bringt, den ansehnlichen Urzustand des Wohnzimmers wiederherzustellen, erkläre ihm, dass er ab sofort als ganzer Mann und nicht nur als Schreibtischtäter gefordert ist.

Die Tastenkombination <STRG + Z> (für Vitaminliebhaber: <Apfel + Z>) hilft ihm zwar im Büro beim Rückgängigmachen, aber nicht bei euch zu Hause. Gib ihm eine rasche, fundierte Einschulung in Sachen Zimmerjunge und nimm mit der Stoppuhr seine Zeit, um ihm zu beweisen, dass er sich laufend verbessert.

Männer lieben harte Fakten, und vielleicht findest du sogar eine App, mittels der er er via Smartphone den neugierigen Kollegen von seinen olympiareifen Leistungen berichten kann.

6. Der Habenwollen-Effekt

Sollte dein Mann Anstalten machen, speziell nachts eine unvorhergesehen starke Bindung zum Kind zu entwickeln und es ausgerechnet dann haben zu wollen (also vorzugsweise, wenn es schläft und ihm nicht auf den Keks geht), mache ihn mit Alternativen zur nächtlichen Betreuung vertraut. Zum Beispiel mit jener untertags. Oder mit jener des Nachts und des frühen Morgens, wenn du, was hoffentlich nicht häufig vorkommt, tatsächlich total entnervt fix und alle um seine Babysitterdienste ansuchst (und nach Kindesübergabe zum alleinigen Soloschlafen am besten zwei Türen zum Schallschutz zwischen euch schließt).

Erinnere deinen Mann auch daran, dass er das Kind die nächsten Jahre und Jahrzehnte voraussichtlich sehr häufig haben wird dürfen und er daher keine Angst zu haben braucht, wegen einiger läppischer Kleinkindnächte, die ihm fehlen, ein schlechterer oder weniger gehaltvoller Papa zu sein.

7. Ewiges Stillen

Zwar können auch Männer mit angelegtem Brustdrüsengewebe bei geeigneter Stimulation stillen, jedoch wird diese Variante in unseren Breitengraden nicht gepflegt. Daher gehen wir davon aus, dass du die Ernährung des Säuglings selber bewerkstelligst, was so viel heißt wie: Deine Brüste haben immer recht.

Erkläre deinem Mann, dass dieses Recht auf Brüste von eurem Kind ab sofort in schöner Regel- und auch Unregelmäßigkeit tagsüber wie nachts eingefordert werden wird, und zwar (wenn wir ganz ehrlich sind) erst einmal auf unbestimmte Zeit. Solange du deine Brüste behältst und auf angenehme Weise Milch durch das Kind daraus zu gewinnen ist, gibt es schließlich keinen Grund, dem famosen freien Säugen ein Ende zu bereiten.

Auf die Frage, wie lange du das mit der Stillerei denn noch vorhast, kannst du daher getrost antworten: Ewig. Ewig ist in diesem Falle ein ewig-dehnbares, unbestimmtes Zeitwort, und bei einer Längenangabe von „ewig" wird niemand um ein paar Monate auf oder ab herumfeilschen wollen. Mit anderen Worten: Weitere Fragen bezüglich der Stilldauer werden vermutlich unterlassen (daher: Merke dir die Antwort „ewig" auch für alle anderen Neugiersnasen, die sich in deine Zitzendinge und Stillangelegenheiten einmischen).

8. Das Bett, ein Klo

Vermutlich hast du schon einmal Werbung für Windeln gesehen. Und Aussagen gehört wie „damit Ihr Kind durchschläft und dabei trocken bleibt". Doch „trocken" heißt – in Plastik-Windelsprache übersetzt –, dass sich ein (zumindest) mit schwerem Kinderurin beladener, bei genauerem Hinriechen übel stinkender bamstiger Kloß zwischen den zarten Beinen deines Babys befindet, der als nahezu unverrottbarer Sondermüll auf der Deponie landet und, bevor er das tut, für teures Geld gekauft werden muss.

Doch was, wenn das Pipi einfach so natürlich raus möchte und du außerdem Lust darauf hast, Geld zu sparen? Erkläre deinem Mann, dass in diesem Falle an der Stelle, wo ehemals heiße Interaktionen von euch stattfanden, nun lauwarme Begebenheiten anderer Art vonstatten gehen werden: Nämlich die nächtlichen Nachttopfsitzungen deines windelfreien Kindes.

So, wie auch dein Mann früher gerne mal das schummrige Licht anließ, wenn es zur Sache ging, wird auch zum Pieseln mit Baby ein sanftes Schlaflicht benötigt. Der hauptsächliche Unterschied besteht aber darin, dass du das Licht auch im Leicht-, Mittel- und Tiefschlaf deines Mannes andrehen und ihn so gut und gerne aufwecken wirst. Zeige deinem Mann zum Beweis für deine windelfreien Pläne den kürzlich erstandenen Sandspieleimer mit Henkel für 5 Euro und positioniere ihn dekorativ neben dem Mutterbett.

Auf die Frage, wie lange das Ehebett noch als Mutterbett mit Kloaufsatz Verwendung finden wird, kannst du abermals getrost mit „ewig" antworten. (Keine Sorge, Kinder fangen irgendwann selbstständig an, auf die Toilette zu gehen. Aber um dir jeglichen Stress zu nehmen, solltest du dir keine Deadline dafür setzen. Übrigens: Speziell für günstige Sandspieleimer gilt, dass man sie auch in Einkaufszentren unauffällig mit sich führen kann und sie kleine wie große Kinderpopos wirkungsvoll bei der Erledigung ihrer Geschäfte unterstützen.)

Wenn du jetzt sagst: „Windelfrei, das ist nix für mich!", dann erkläre deinem Mann, dass voraussichtlich auch mal nachts gewickelt und hierfür lichtvolle Unterstützung benötigt werden wird.

9. Gemeinsamer Schlafentzug

Wenn die Nacht zum Tag wird, bist du voll in der Mutterschaft angekommen. Es wird für dich bessere und schlechtere Nächte geben, aber mach dich jedenfalls auf eine ordentliche Portion Schlafentzug gefasst. Weise deinen Mann darauf hin, dass es keinen Sinn macht, wenn ihr beide aufgrund fehlender Besuche im Traumland urgestresst seid und vielleicht sogar krank werdet davon.

Viren und andere unliebsame Besucher haben ein leichtes Spiel mit deinem Immunsystem, wenn der Schlafmangel anhält, und dies gilt natürlich auch für deinen Mann. Da er am nächsten Morgen jedoch fit wie ein Turnschuh im Büro oder anderswo auf die Jagd (nach dem Familieneinkommen) gehen soll, ist es in Zeiten deiner vollen Mutterschaft an ihm, sich ausgeschlafen zu präsentieren und keine Spuren nächtlicher Aktivitäten zu zeigen.

Wenn er glaubt, dass er im ehemaligen Ehebett genau so viel Schlaf abbekommt wie auf dem Sofa im Extrazimmer, dann präsentiere ihm eine Nacht vom Feinsten und baue alle eure zeitraubenden Kunststücke mit ein. Vielleicht magst du dem Baby noch ein Kirschkernkissen gegen seine Blähungen auflegen und dir selbst einen bröckelig werdenden, säuerlich riechenden Quarkwickel für deine beanspruchten Brüste.

Du kannst davon ausgehen, dass dein Mann nach dem vierten beleuchteten Pinkelversuch des Babys sowie dem nachhaltig durch Nachtlicht unterstützten Anlegen des Kindes an der Brust freiwillig Reißaus nimmt und einsieht, dass deine Brüste und euer Baby zwischen ca. 22 und 6 Uhr derzeit nicht für ihn gemacht sind.

Das Märchen vom Familienbett

Warum findet das auf drei bis vier Meter Breite aufgeblasene Bettmodell „Familia" nicht schon längst reißenden Absatz in den Möbelhäusern? Weil die Idee mit dem sogenannten „Familienbett" zwar recht niedlich, aber in Wirklichkeit eine Erfindung der Schlafweichspülergesellschaft ist. Das Familienbett funktioniert nämlich leider genau so wenig wie eine Familienzahnbürste, mit der sich alle ihre Zähne putzen, ein Familienschuh, der allen passt, oder ein Familienauto, in dem immer alle zur gemeinsamen Fahrt anwesend sein müssen.

Bleiben wir doch gleich beim Beispiel mit dem Auto, in das sich wohl jeder von uns hineinversetzen kann. Auch hier hat jeder seine eigenen Bedürfnisse, und während einer der Fahrer ist (im Familienbett: die säugende Mutter), der/die schon während der Fahrt volle Leistung bringen muss und dennoch am nächsten Tag seinen Mann (bzw. ihre Frau) stehen muss, lungern die anderen herum, wollen lesen, unterschiedlich laut unterschiedliche Radiosender hören oder gehen einander auf andere Art und Weise nach einer gewissen Zeit auf den Geist.

Da gibt es nur eine Lösung: die Auflösung des Verbandes. Und während es zwar unwirtschaftlich wäre, jedes Familienmitglied mit einem eigenen Automobil herumzukarren, sind wir in heutiger Zeit den Schlaf betreffend zum Glück nicht mehr darauf angewiesen, alle gemeinsam in der warmen Küche neben dem Kuhstall zu nächtigen und so die Heizkosten niedrig zu halten.

Das romantisch benannte Familienbett hat vermutlich schon unsere Vorfahren reichlich Nerven und guten Schlaf gekostet, von der mangelnden Privatsphäre einmal ganz zu schweigen. Zum Beispiel, was den „Bei-Schlaf" angeht, denn schwerlich konnte sich in der zwangsweise gemeinsamen Bettstatt die Frau den Avancen ihres Mannes entziehen – und das noch vor Augen bzw. Ohren der Kinder.

Dein Mann wird als echter Mann verstehen, dass Erotik im Familienbett fehl am Platze ist und der Quickie im begehbaren Kleiderschrank daher erstrebenswerter ist als die Löffelchenstellung, während das Baby gestillt wird. Vor allem du als Frau wirst aber für dich herausfinden, dass du, während du deiner Funktion als säugende Mutter nachkommst, veränderte Nähebedürfnisse zu deinem Mann empfindest. In Zeiten der Säuglings- und Kleinkindversorgung könnten diese auf ein absolutes Minimum schrumpfen. Was gar nicht so verkehrt ist, denn nach einer Schwangerschaft, einer Geburt und während der Stillzeit betreibst du jeden Tag Hochleistungssport der besonderen Art und brauchst deshalb auch nicht gleich wieder an hormongesteuerte Paarungsversuche zu denken.

Du wirst merken, wann dir wieder danach ist, und auch herausfinden, wo du deinen Mann wieder zur ausführlichen Verkostung eurer Liebesspiele an dich heranlässt. Ob auf seinem Sofa oder in deinem Mutterbett – von nun an könnt ihr euch besuchen und jeweils jene Option auswählen, die gerade kinderfrei ist.

Nochmal kurz zurück zu den praktischen Details des Familienbettes: Bislang fehlt eine Bett-Kombi mit ausziehbarer Bettverbreiterung, die auf Knopfdruck ein paar Kinder mehr ins Bett einlädt und am besten eine Geräusch- und Geruchsbarriere für den Mann integriert hat. Oder gar ein zweites Stockwerk für den versenkbaren Mann. Vielleicht findet sich ja ein begabter Möbeldesigner, der diese patentreife Idee in die Tat umsetzen möchte. Vor Jahren verriet ich dem Möbelhaus mit den vier Buchstaben meinen Entwurf (ohne versenkbaren Mann), aber die Antwort lautete lediglich: „Wir haben schon genug Produktinnovationen für die nächsten Jahre." Nun denn.

Du fragst dich, warum dich alles weckt und du auf Gerüche außergewöhnlich empfindlich reagierst? Diese Fähigkeiten hat Mutter Natur Schwangeren und (stillenden) Müttern mitgegeben, um sich in besonderem Maße um ihre Brut kümmern zu können.

Zunächst zur Sache mit dem Hören.

Dein sogenanntes „Ammengehör" funktioniert, wenn du dich intuitiv darauf einlässt, besser als jedes elektronisch gesteuerte Baby-Abhörgerät, und es kann sogar noch viel mehr als nur hören. Es kann gewissermaßen vorausahnen und hat dich daher, was die Orientierung in Richtung „Baby" angeht, schon bald fest im Griff.

Vielleicht ist es dir auch schon einmal passiert, dass in einem Spielfilm ein Babygeschrei ähnliches Geräusch vorkam und du aufgeschreckt bist, weil du dachtest, es handle sich um deinen eigenen Nachwuchs, der da Laut gibt. Oder aber (weil du als junge Mutter ohnehin nicht mehr zum abendlichen Fernsehen kommst, du bist zu dieser Zeit nämlich entweder mit dem Zubettbringen beschäftigt oder zu müde für einen 90-minütigen Film oder möchtest endlich wieder ruhige Augenblicke genießen) du nimmst auf der Straße ein Quieken wahr und zuckst zusammen, weil sich dein Kind scheinbar ganz genau so anhört, wenn es nach dir ruft oder weint.

Die stärkste Art dieses „Mama-Peilsenders" ist wohl die Tatsache, dass dir bei geeigneter Babygeräusch-Stimulation die Milch in die Brüste einschießt – sogar dann, wenn du gerade im Supermarkt an der Kasse stehst und dein Baby zu Hause gut versorgt wird.

36 Mit der Zeit entwickelst du also für diverse Frequenzen und Laut-Muster eine entsprechend zuverlässige Art der Interpretation, die es dir im Übrigen auch erlaubt, heftig wichtige von mittelmäßig wichtigen Lautgebungen deines Nachwuchses zu unterscheiden. Dabei kommt es nicht unbedingt auf die Lautstärke der Geräusche an, sondern vielmehr auf ihre Qualität.

Als Stillende weißt du zum Beispiel, dass Sauggeräusche (Lutschen, Lippenlecken, Schmatzen) ein Zeichen für (baldigen) Hunger deines Kindes sind, weswegen sogar ein für normale Leute kaum hörbares Babyschmatzen möglicherweise deinen Schlaf unterbricht und dich deinem Baby zuwenden lässt.

Nun zur Sache mit dem Riechen und Schmecken.

Während Schwangerschaft und Stillzeit ist dir wahrscheinlich schon einmal aufgefallen, dass dir zum Beispiel von normalerweise als unauffällig empfundener Zahnpasta schlecht geworden ist oder du beim Riechen des heimischen Putzmittels einen Kotzanfall bekommen hast. Du verabscheust auf einmal Nahrungsmittel, die du bislang eigentlich ganz gern hattest, und hast unglaublich seltsame Appetit-Gelüste, die du nie für möglich gehalten hättest.

Willkommen bei der Erschaffung der Welt! Als Schwangere und Stillende hast du aus Sicht der Schöpfung nämlich außerordentlich wichtige Funktionen inne, und ob du das gut findest oder nicht, ist deinem Schöpfer egal. Er hat dich – für alle Fälle – zum Beispiel mit der Fähigkeit der Schwangerschafts-Hundenase ausgestattet, die es dir erlaubt, für deinen Zustand ungünstige Substanzen rechtzeitig zu erschnüffeln. Ob das nun Zusätze in der Zahnpasta oder Putzmittel mit reizenden (aber nicht allerliebsten) Inhaltsstoffen sind, verlasse dich auf deine Eingebungen und vertraue deinem Körper, wenn er dir sagt: „Bis hierher und nicht weiter!" – oder: „Gib das besser sofort wieder von dir!"

Nun sind wir aber schon wieder bei einem Kernthema für dieses Buch angekommen, denn da war ja noch dein Mann. Dieser lebt – vor allem des Nachts – weder lautlos noch geruchlos neben dir, und damit hast vor allem du jetzt ein Problem. Dein Mann, als vollwertiges, hormongesteuertes Subjekt, zeichnet sich seinerseits zum Beispiel durch ehemals als attraktiv eingeschätzte Gerüche aus. Doch genau diese werden nun mit Baby im Bett – oje! – zu wahrhaft ekelhaften Bettgenossen.

Allzu männlicher Duft ist für dich neuerdings nämlich maximal einige Tage vor deinem Eisprung von Interesse, und du fragst dich selbst ganz ungläubig, wie du diesem kernig-intensiven Geruchs-Mischmasch jemals erliegen konntest. Als Schwangere hast du gerade keinen Eisprung, als Stillende eventuell auch nicht, und daher hast du vielleicht gerade auch überhaupt keinen Bedarf nach diesen Gerüchen.

Bring deinem Mann liebevoll, aber in aller Deutlichkeit bei, dass du ihn derzeit nachts nicht riechen kannst (sollte er noch neben dir schlafen dürfen) und mach ihn nicht nur mit Varianten der Geruchsbakterienbekämpfung, sondern auch mit jener des Auszugs aus deinem Bett vertraut.

Auch und vor allem deshalb – und spätestens hier können selbst die schärfsten und biologisch unsinnigsten Bakterienwaffen nicht mehr heftig genug schießen –, weil du bei jedem Wetzen, Schnarchen oder sonstigem männlichen Geräusch aufrecht im Bett stehst und davon ausgehst, dein Baby sei gerade in dringender Not nach seiner Mama. Dabei wurde es erst vor kurzem von dir gestillt oder gefüttert, gewickelt und/oder aufs Töpfchen gesetzt und schlummert nun allerliebst neben deinem geräuschvollen Mann.

Wie oft willst du dich noch in einer Phase des glücklichen, zufriedenen Babyschlafs versehentlich von jemandem wecken lassen, der überhaupt keinen Bedarf nach dir hat? Handle

38 konsequent und erkläre deinem Mann, dass dich seine unbewusst ausgesandten Geräusche unnötig viel Schlaf kosten und dein Ammengehör über die Maßen strapazieren. Vielleicht reagiert er mit einem ahnungslosen „Wie meinst du das?". Dann verzichte auf genauere Erklärungsversuche und kraule ihm untertags den Rücken.

Dein Mann braucht nicht alles, was dich als Frau und Mutter auszeichnet, zu verstehen und nachvollziehen zu können. Er lebt in einem anderen Körper, und deine Fähigkeiten sind so speziell und besonders, dass nicht einmal du vor der ersten Schwangerschaft erahnt hättest, was so alles in dir steckt...

Ausschläfer und Vorausschläfer: Schlafentzug ist Folter!

Hätte ich gewusst, dass die Zeit mit dem Baby vor allem durch heftigen Schlafentzug gekennzeichnet ist, hätte ich monatelang vor der Geburt ausgeschlafen. Ich hätte meinen Arbeitgeber darauf hingewiesen, dass ich – je nach Schlafmodus – früher oder später erscheine, und hätte ihn mit der Tatsache vertraut gemacht, dass sich mir diese Chance auf bedingungsloses Ausschlafen nur noch im absolut kinderfreien Zustand bietet. Ich habe es aber nicht gewusst und war deshalb nach einiger Zeit in einem Zustand, in den wohl die meisten jungen Mütter irgendwann geraten: einer Mischung aus Unzurechnungsfähigkeit und Vergesslichkeit mit gleitendem Übergang zu aggressiven Phasen, wenn nämlich der andauernde Schlafentzug zur Folter wird.

Warum du leicht ausrastest, wenn du zu wenig geschlafen hast, ist rasch und einfach zu erklären: Du läufst auf Notstrom-Aggregat und empfindest jegliche deinen Schlaf betreffenden Interventionen als Angriff gegen dich.

Lass es nicht so weit kommen, dass du dir dein Baby vom Hals wünschst und fast alles dafür tun würdest, um endlich wieder schlafen zu können. Nimm den sich summierenden Schlafmangel daher ernst und gehe dagegen an, bevor er Herrscher über dich wird und dich der Mond schief anlacht!

Hier ein paar Tipps, wie du trotz Baby dennoch auf deine Kosten in Sachen Schlaf kommst:

- Vergiss zunächst den Begriff des Ausschlafens. Mit Kind gibt es vorläufig in vielen Fällen nur noch das „Vorausschlafen", was so viel bedeutet wie: Schlafe auch dann, wenn dein Kind schläft, und nutze die ruhige Zeit zur eigenen Regeneration und Erholung.

- Lass die Hausarbeit liegen und stehen und sei großzügig in der Arbeitsvermeidung, was Dinge wie putzen, täglich frisch kochen, einkaufen gehen oder anderes angeht. Du kannst in derselben Zeit auch ein kleines Nickerchen machen und siehst danach die Wohnung mit ganz anderen Augen.

- Übertrage zeit- und schlaffressende Hausarbeiten großzügig an andere und kümmere dich schon vor der Geburt um eine (bezahlte und eventuell von der Krankenkasse mitfinanzierte) Haushaltshilfe. Auch gute Freundinnen, Nachbarn oder die eigene (Schwieger-)Mutter können helfen, wenn es darum geht, dir frisches Essen zu bringen oder den Staubsauger zu bewegen.

- Wenn diese Helfer nicht alles so perfekt machen, wie du es gerne hättest, konzentriere dich wieder auf dein Kernthema: das Schlafen. Im Traum sind nämlich alle Staubkörner grau, und dein Baby ist jene Person auf dieser Welt, der die blitzblanke Wohnung am meisten egal ist.

Sind größere Geschwisterkinder im Haus, gestaltet sich die Sache mit dem Vorausschlafen und dem Schlafen untertags zwar als etwas komplizierter, aber nicht unmöglich.

- Sei auch hier großzügig, was Krempel und Kram angeht, und fahre dein Versorgungsprogramm auf das leistbare Minimum zurück. Das spart Zeit, vor allem dann, wenn auch die großen Kinder schlafen und du endlich ohne zusätzliche Anforderungen mit dem Baby kuscheln und schlafen kannst.

- Achte gewissenhaft darauf, dass im Falle eines Untertags-Schlafes von dir keine gefährlichen Fenster oder Türen offenstehen oder von Kindern unerlaubt geöffnet werden können sowie dass Küche, Nassräume, der Garten etc. gesichert sind und dass auch keine Gelegenheit zum Zündeln gegeben wird.

- Daher gilt aus Sicht der unmündigen Großkleinkinder für die Punkte Stürzen, Heißes, Scharfes und Wasser: Gefahr, Gefahr, Gefahr!

- Du wirst merken, in welchem Alter deine Großkleinkinder dazu in der Lage sind, gewisse Gefahren selbst abschätzen zu können. Aber mache hin und wieder einen Praxistest unter Aufsicht mit ihnen und sieh dir an, welche Gefahren sie tatsächlich schon aus eigener Kraft vermeiden können und welche nicht.

  Ein gutes Beispiel hierfür ist der Straßenverkehr. Dein vierjähriges Kind wird zwar auch links-rechts-links schauen, aber seine Augen verharren teils nicht wirklich in Richtung der Straße, auf der die Autos fahren, sondern wandern mit dem Kopf mit. Es fährt mit den Augen Karussell und kann daher nicht zuverlässig abschätzen, ob sich ein gefährliches Auto nähert oder nicht.

Hast du Baby und Großkleinkinder in engen Abständen geboren, dann brauchst du für die Bewachung deines Schlafes, der zur Wachzeit der Kinder stattfindet, eine zuverlässige Aufsichtsperson.

Dies kann zum Beispiel dein Mann sein (das Gute liegt in diesem Falle nahe bzw. gleich nebenan im Wohnzimmer), der genau hier tatsächlich glorreich in Erscheinung tritt, weil er selbst – ohne Mitschläfer oder Co-Fütterer im Mutter-Kind-Bett sein zu müssen – gut geschlafen hat und somit hoffentlich gut ausgeruht und fit ist. Er ist es außerdem, der weder extra herbeigekarrt noch teuer zugekauft werden muss.

Die folgenden, deinen Schlafbedarf nährenden männlichen Schlafunterstützungsangebote haben sich zumindest bei der altmodischen „der Mann verdient, die Frau kümmert sich um die Kinder"-Variante als praxisrelevant erwiesen und finden daher wie folgt Erwähnung:

- Der Mann verkürzt seinen morgendlichen Waschsalon und lässt dich tatsächlich – hurra! – so etwas wie „ausschlafen". Hierzu kümmert er sich in aller Frühe separat von dir um den Nachwuchs und schottet dich auch räumlich von diesem ab. Übersetzt heißt das: Schlafzimmertür zu und Schallschlucker in deine Ohren. Gratuliere, du kannst nun weltmeisterlich schlafen, ohne Rücksicht auf Verluste (am besten, du stillst das Baby, bevor du es deinem Mann ins Wohnzimmer mitgibst, damit er dich nicht nach fünf Minuten mit dem Hinweis „Baby hat Hunger und braucht dich" weckt; wie man das Fläschchen zubereitet, weiß er hoffentlich).

- Dein Mann schafft es nach besonderen, dir schrecklich scheußlich ergangenen Nächten, in Abstimmung mit seinem Arbeitgeber etwas später im Büro zu erscheinen und leistet den oben beschriebenen Aufpass-Abschottungs-Dienst am Baby ab. Diese Art des Not-Ausschlafens sollte aber nicht zur Regel werden, und selbst bei selbstständigen Männern wird es schwer sein, öfters als wenige Male pro Monat eine solche Art der mütterlichen Schlafvermehrung zu bewirken.

- Dein Mann schafft es, seine berufliche Arbeit für den Tag zeitgerecht fertig zu bekommen und kommt (über-)pünktlich nach Hause, um dich abzulösen und beaufsichtigten Untertags-Schlaf zu ermöglichen. Aber auch hier gilt, was ich soeben bereits erwähnt habe: Der Arbeitgeber deines Mannes hat deinen Mann für eine vereinbarte Anzahl von

Stunden gemietet und bezahlt ihn nicht dafür, dass er den Schlaf seiner Frau bewacht.

- Dein Mann kommt ganz normal nach der Arbeit nach Hause und kümmert sich sofort um jegliche Familienangelegenheiten. Du kannst zwar schlafen, darfst dich aber nicht wundern, wenn dein Mann vielleicht irgendwann gar nicht mehr nach Hause kommt, weil er die Dauerbelastung aus Arbeit und Familienarbeit nicht stemmen kann. Spätestens zu Hause fällt deinem Mann (nach getaner Arbeit im Büro) nämlich auf, dass Kinderkram auch echte Arbeit ist, noch dazu halbwegs unbezahlt und ohne Aussicht auf Beförderung. Er wird, wenn er sein restliches Leben auch nur ansatzweise unter die Lupe nimmt, bald draufkommen, dass das Leben auf der einsamen Insel oder in der Chefetage erstrebenswerter ist. Daher: Nutze auch diese männliche Unterstützungsvariante nicht ohne Limit aus, sondern nur bei absolutem Bedarf. Du bist die Frau im Haus, und dein Mann sorgt für das Familieneinkommen. Keiner von euch kann diese Doppelbelastung ohne Abstriche auf Dauer stemmen, daher ist es günstig, sich zu überlegen, wer fallweise extern zugebucht werden kann, um euch beide (!) vor Ort zu unterstützen.

- Du gönnst deinem Mann eine Erholungszeit nach der erwerbstätigen Arbeit, lässt ihn zur Ruhe kommen und verköstigst ihn. Hernach steht es dir durchaus zu, auf dein Schlafbedürfnis hinzuweisen und ihn zu bitten, das Kommando für die Kinder nun eigenverantwortlich zu übernehmen. Damit du in dieser Position deinen Schlaf auffüllen kannst, benötigst du zwar die Fähigkeit, am frühen Abend einschlafen zu können – aber mit schläfrig machenden Stillhormonen als Einschlafhilfe und/oder ausreichendem Schlafentzug wird dir das zweifelsohne gelingen.

• Wir nähern uns dem pikantesten Teil des Tages, nämlich der Nacht. Insbesondere für diese gilt: Eine schlechte Nacht ist keine schlechte Nacht, aber zwei schlechte Nächte sind eine zu viel. Drücke daher deinem Mann das nächtens quengelnde bis bläkende Baby nicht unaufhörlich in die Arme und gehe davon aus, dass er das Kind oder gar die Kinder schon schaukeln (oder füttern) wird. Warum sollte dein Mann unter nächtlichem Schlafentzug weniger leiden als du? Von ihm wird aber am nächsten Tag ganz selbstverständlich vorausgesetzt, dass er mit aller Kraft wem auch immer zur Verfügung steht. Und solange ihr das klassische Rollenbild lebt und dein Mann euer Geld nach Hause bringt, hat er ein Recht auf ausreichend Schlaf. Genau wie du, nur dass du dieses Recht eventuell in mehreren Etappen auch tagsüber geltend machen kannst, während dein Mann nur nachts die Chance hat, auf seine Kosten zu kommen.

Noch ein Wort zu Babysittern für den Abend, weil man sich als Paar ja auch wieder einmal etwas gönnen möchte:

Der abendliche Babysitter für den Gang ins Kino ist nur halb so viel wert, wenn das Kind nach absichtlich halbdurchwachter Nacht morgens alleine von deinem Mann und dir versorgt werden muss. Konsequenterweise gehört zur Luxusvariante des Babysitters daher auch ein frühmorgendlicher Babysitterdienst dazu. Wer das sein könnte, liegt nahe.

Zum Beispiel die Oma, bei der ihr euch für ein paar Tage einquartiert, und die ihr dann frühmorgens aus dem Bett jagt und mit dem süßen Enkelchen versorgt.

Müdigkeit – der garantierte, rezeptfreie Lustkiller

Weil wir gerade irgendwie auch beim Thema Paarbeziehung angelangt sind, einige Überlegungen hierzu.

Ja, die Herausforderung an zwei Menschen, Eltern zu werden, ist eine große. Und wer den Dauer-Alltag und die Dauer-Allnacht von Mama und Papa unterschätzt oder etwa als Kleinigkeiten abtut, der muss wohl erst mal selber Mama oder Papa geworden sein, um wirklich mitreden zu können. Denn, seien wir ehrlich: Die Zeit, als wir selber Kind waren, ist schon etwas länger her, und sogar wer sich genau daran erinnern kann, wird nicht nachvollziehen können, warum Mama und Papa vielleicht ab und an etwas „unrund" waren.

Sollte euch daher schon einmal aufgefallen sein, dass ihr so gar keine Lust mehr aufeinander habt, obwohl eigentlich alles in Butter und die Laune ganz weit oben ist – dann überlegt mal, ob einer von euch oder am Ende gar beide eventuell schlicht unter Müdigkeit leiden.

Der als „Müdigkeit" bekannte Lustkiller hat wohl eine ähnlich gute Verhütungssicherheit wie die Pille, denn wer müde ist, kommt meist gar nicht erst dazu, „es" zu tun. Da können die gegenseitigen Begehrlichkeiten am frühen Morgen (als leider wieder einmal das Kind unpassenderweise ins Bett krabbelte) noch so stark und die erotischen Pläne für den kommenden Abend noch so spannend sein: Wenn sich abends herausstellt, dass ihr nur noch ins Bett wollt, dann ist damit eine andere Bettgeschichte gemeint als die vielfach in der Literatur beschriebene.

Es gibt ja AutorInnen, die empfehlen die Einführung eines Sex-Kalenders für Eltern. Da würde dann zum Beispiel draufstehen: „Montag 16 Uhr Kind zur Oma, 17 bis 18 Uhr Sex, 19 Uhr Kind abholen". Wie erotisch! Aber selbst wenn du jetzt über einen solchen Kalender lachst und ihn grottendoof findest, ganz so übel ist die Idee der geplanten Zweisamkeit nicht. Als Paar solltet ihr eure gegenseitige Lust nämlich nicht mehr dem zufälligen Schlafraub überlassen, sondern gezielt ans Eingemachte gehen, wenn sich die ausgespähte Möglichkeit dafür ergibt.

Folgende Tipps bieten sich zur Umsetzung an und sollen daher in diesem Elternratgeber nicht fehlen:

- Plant euren Sex, wenn es euch hilft, mit einem Kalender. Und dabei ist nicht (nur) der Zykluskalender gemeint.

- Verzweifelt nicht, wenn es schon wieder nicht klappt mit der Lust, die nächste Gelegenheit kommt bestimmt! Die Frage ist nur, ob ihr dann fit genug seid, sie zu nutzen. Böse im Sinne eines selbstgezüchteten Schlafdefizits können sich zum Beispiel die vermeintlichen Ausschlafmöglichkeiten an freien Tagen rächen, denn eurem Kleinkind sind die Namen der Wochentage herzlich egal. Es steht auch gerne mal am Sonntag um sechs Uhr auf der Matte. Bald werdet ihr merken, dass es sich lohnt, an jedem Tag zeitig ins Bett zu gehen, egal ob der darauffolgende Tag ein Arbeitstag ist oder nicht. Obwohl das langweilig erscheint, wird es euren Energie- und Lusthaushalt langfristig nähren.

- Ihr schwelgt noch in Erinnerungen an die ehemals ungestörten Sonntage im Bett? Im Bett könnt ihr vielleicht auch jetzt bleiben, aber wer auf Co-Sleeping und Familienbett setzt, wird eher zum Bauchredner für Stofftiere und Meister der gelassenen Kinderunterhaltung denn zum Verführungskünstler. Wer morgendlichen Lust auf Sex hat, sollte die Gunst der Stunde nutzen, das Bett verlassen und zu-

sehen, dass es wenigstens im Bad eine schnelle Nummer 47
gibt, bevor das Kind schreiend draufkommt, Mama oder
Papa zu vermissen.

- Eure Sexualität wird sich, wohl oder übel, den geänderten
  Umständen anpassen. Vor allem für dich als Frau heißt das
  vermutlich häufiger: In der Kürze liegt die Würze. Wenn
  dir die zur Verfügung stehende Zeit nicht ausreicht, um
  voll auf deine Kosten zu kommen, sei erfinderisch. Werde
  selbst aktiv oder baue bislang ungekannte Praktiken in
  euer Sexleben ein. Wenn ihr bislang noch nicht über eine
  solche Sortimentserweiterung gesprochen habt, wäre es
  doch zum Beispiel jetzt an der Zeit, dies zu tun.

- Bring dich in Stimmung! Das geht auch gänzlich ohne Alkohol. Das Wichtigste ist vor allem, dass du vorübergehend
  vergisst, „Mama" zu sein. Du hast auch ein Recht darauf,
  Lust auf Sex zu haben, ohne an die nächste Windel oder
  Stillpause zu denken. Schalte deinen Kopf ab – im Notfall
  wird dich ohnehin dein Ammengehör in die Realität zu-
  rückbeordern oder das Kindlein öffnet selbstständig die
  Schlafzimmertür.

- Aber – wer sagt eigentlich, dass es immer im Schlafzimmer passieren muss? Vielleicht passiert es fast nie mehr
  dort. Dann nutze diese Veränderung für dich und erpro-
  be andere Räumlichkeiten und Stellungen. Not macht
  erfinderisch, und speziell beim elterlichen Sex ist dieser
  Spruch wohl wirklich passend.

- Möchtet ihr Situationen vermeiden, in denen ihr durch das
  Kind beim genüsslichen Beisammensein gestört werden
  könntet, dann organisiert einen Babysitter. Zum Beispiel
  für untertags, damit er mit dem Kind spazieren geht. Oder
  aber für abends. Hier könnt ihr euch ein Beispiel an den
  Japanern nehmen: In den japanischen „Love Hotels" to-

ben sich (verheiratete) Pärchen ohne Rücksicht auf Ruhe- oder Kinderstörung nach Belieben aus. Vielleicht kennt auch ihr ein gemütliches (anmietbares) Plätzchen in der Nähe, wo ihr absolut ungestört seid. Oder ihr entdeckt andere interessante Varianten der körperlichen Begegnung, zum Beispiel im Kino, im Auto, beim gemeinsamen Schlendern durch den Park oder aber ganz woanders.

- Habt ihr vor lauter Mama- und Papasein eure eigenen Wünsche weitgehend verdrängt und breitet sich diese Verdrängung auch in Richtung eurer körperlichen Befindlichkeit aus, dann gönnt euch regelmäßig eine „Ich bin wichtig"-Kur. Keiner von euch soll das Gefühl haben, im Partner nur noch ein rudelhaft agierendes, zottelig-ungepflegtes Wesen vorzufinden. Einzelzeit fernab der Familienpflichten ist deshalb wichtig, und in dieser kann jede(r) auf ihre/seine Körperpflege, die Fitness oder auch die persönlichen Vorlieben achten, damit Frau und Mann nicht von Mama und Papa aufgefressen werden.

Im Laufe der Jahre werden euch viele weitere Möglichkeiten einfallen, nicht nur euer Sexleben, sondern auch eure Beziehung im Allgemeinen anzukurbeln und alles andere als gewöhnlich zu gestalten. Lasst euch dabei von Pseudo-Idealen der geschönten Medienwelt nicht ins Bockshorn jagen, wo alle Promi-Eltern immer ausgeschlafen, sexy und gut gelaunt sind. Dies trifft nämlich allenfalls auf ihre gut bezahlten Manager zu, die nur das zum Abdruck freigeben, was zum jeweiligen Image passt und vorher gründlich retuschiert wurde.

Stöpsel ins Ohr: Lärmbarrieren und ihre Wirkung

Bereits weiter oben kamen dein sich nach und nach besser ausprägendes Ammengehör zur Sprache und weiters der Umstand, dass es sich zum Beispiel im Falle der männlich-morgendlichen Kindesübernahme anbietet, die mütterlichen Alarmohren vor eventuell versehentlich aufgeschnapptem (Baby-)Lärm zu schützen, um noch ein paar wertvolle Gramm Schlaf aufzunehmen.

Aber, zu dumm: Kein klassischer Schallschutz wird vermutlich gut genug sein, um nicht doch ein vermeintliches Babywimmern oder Kinderklopfen zu dir durchzulassen. Denn Ohrenstöpsel können zwar Geräusche dämpfen, aber sie nicht vollkommen ausschalten. Und selbst wenn du deine Ohren dazu brächtest, nicht mehr „zu hören", so wäre dein Körper für außerhalb der Ohren empfangene Schwingungen trotzdem noch sensibel. Und zwar so sensibel, dass er dich – auch im unnötigen Fall – aufweckt.

Was kannst du also tun, um wenigstens dann zu schlafen, wenn du offiziell wirklich schlafen darfst und komplett kinderbefreit bist?

- Versorge das Baby vor dem Schlafversuch von dir ausreichend (mit Muttermilch bzw. Babynahrung) und weise die Betreuer an, auf seine Blasen- und Darmentleerungsbedürfnisse einzugehen. Du vermeidest so ein unnötig aufgebrachtes Baby, das sich über alle Schranken hinweg zu dir durchsetzt.

- Schließe deine Schlafzimmertür, auch wenn es dich Überwindung kostet. Du wirst in einem geschlossenen Raum vielleicht eine andere Art der Schlafqualität finden als in einem Raum, wo Durchzugsbetrieb herrscht und außerdem unnötige Geräusche an deine Ohren dringen.

- Schließe eventuell auch das bzw. die Fenster in deinem Schlafraum, um nervigen, unvorhergesehenen Lärm von draußen abzuwenden. Es wäre ärgerlich, wenn dich genau jetzt in dieser Luxus-Schlafphase das startende Moped des Nachbarn oder auch nur das Lachen der vorbeigehenden Spaziergänger aufwecken würde. Erinnere dich: Du hörst jetzt besonders gut, und das „normale" Lärm-Ausfiltern von Alltagsgeräuschen ist momentan vielleicht deutlich erschwert.

- Stelle sicher, dass niemand dein Soloschläferzimmer betreten muss, während du dort schläfst. Wenn sich zum Beispiel der Kleiderschrank dort befindet, sollten benötigte Kleidungsstücke vor deinem Soloschlaf ausgewählt werden, damit du nicht durch Türknarren oder Herumkramen (unter Zuhilfenahme der Taschenlampe) aufgeweckt wirst.

- Probiere aus, ob und wenn ja welche Ohrstöpsel du verwenden magst, um vor allem untertags auch störende Umweltgeräusche (wie zum Beispiel regen Autoverkehr oder den musikhörenden Nachbarn) weitgehend auszuschalten. Es gibt z.B. Produkte aus Silikon, Wachs oder Schaumstoff, aber jeder hat seine eigenen Präferenzen.

- Halte dir, wenn du Ohrenstöpsel verwendest, immer einige in Reserve griffbereit, denn es kommt vor, dass sich der ein oder andere Stöpsel aus deinem Ohr ins Bett stiehlt und dort im Halbschlaf erst einmal unauffindbar bleibt. Es wäre verlorene Schlafzeit, wenn du nun mühsam nach genau diesem kleinen Dings suchen müsstest, anstatt rasch weiterschlafen zu können.

- Bedenke, dass auch deine Augen Alarm schlagen, wenn der Raum zu hell ist oder du im Schlaf beleuchtet oder geblendet wirst. Achte daher auf eine ausreichende Verdunklung des Raumes, in dem du schläfst, vor allem, wenn du tagsüber verloren gegangenen Nachtschlaf nachholen magst.

Ein Wort noch zu Schlaftabletten.

Insbesondere für Schwangere gilt: möglichst Finger weg von jeglichen Schlaftabletten. Sie können beim Ungeborenen dauerhafte Schäden verursachen, und leider weiß man mittlerweile auch, dass nicht immer alle Folgewirkungen im Vorhinein bekannt sind. Zusammen mit deinem Arzt solltest du gründlich abwägen, ob ein Schlafmittel wirklich unumgänglich ist. Keinesfalls solltest du einfach einer Packungsbeilage trauen, die dir möglicherweise eine Unbedenklichkeitsbestätigung über das ausgewählte Präparat ausstellt. Wenn du unter Schlafstörungen leidest, dann versuche stets, die Ursachen hierfür zu erforschen, und setze nicht auf die Wirkung von Tabletten.

Und nun wohl das Wichtigste: Deine körperliche und seelische Entspannung.

Niemand von uns schläft gut, wenn ihn Gedanken plagen und er sich nicht von der realen Welt in die Traumwelt verabschieden kann. Übe deine vollkommene Entspannung, zum Beispiel beim Yoga, und lerne, gewissermaßen „auf Knopfdruck" abzuschalten. Übrigens: Opa konnte das sehr gut – auch ohne Yoga –, weil er es während der Kriegsjahre gelernt hatte. Er setzte sich auf einen Sessel und fiel innerhalb weniger Sekunden in einen kurzen, aber erholsamen Schlaf. Auch im hohen Alter nutzte er diese Fähigkeit des Minutenschlafs, um sich untertags neue Energie zu holen.

 Aber Achtung, dass dir dieser Minutenschlaf nicht völlig übermüdet im Auto passiert!

Die Fähigkeit zur Selbst-Entspannung mit einschläfernder Wirkung wird dir nicht nur in Zeiten des Aufhol-Schlafes gute Dienste leisten, sondern dich lebenslang als wirkungsvolle Entspannungsmethode begleiten. Gewöhne dir grundsätzlich ab, scheinbar wichtige Dinge kurz vor dem Einschlafen anzudiskutieren, weil dein teilweise im Schlafmodus befindliches Großhirn die Informationsanfragen an seine Schaltzentrale neurologisch gesehen nicht mehr ausreichend gut verarbeiten kann.

So kommt es, dass im Dämmerzustand (und der setzt bei schlafmaroden Stillmüttern eventuell schon recht früh am Abend ein) scheinbar berghohe Probleme mit frischem Hirn am nächsten Tag als rasch lösbar erscheinen. Gönne also auch deiner Großhirnrinde Schlaf und die passende Portion Faulenzen und verlasse dich auf die lebenserhaltenden Funktionen deines Stammhirnes, das wie ein Ein-Takt-Motor auch in tiefster Nacht deine Atmung surren und dich viel gute Milch produzieren lässt.

Übrigens: Was in puncto Vorschlaf-Entspannung für dich gilt, ist auch für (kleine) Kinder von Bedeutung. Werden sie tagsüber überreizt, zum Beispiel in großen, lauten Einkaufszentren oder durch diverse Filme bzw. Computerspiele, wirst du abends höchstwahrscheinlich die Quittung dafür bekommen. Denn dein Kind nimmt all den Trubel gewissermaßen „mit ins Bett" und schlägt sich dann die Nacht mit dem aufgenommenen Klang- und Sehmüll um die Ohren.

Wenn du also Lust auf Schlafstörung durch nörgelnde Kinder hast, denen es nicht gelingt, abends abzuschalten, dann setzt du sie regelmäßig ungefilterten Sinneseindrücken aus.

Du möchtest in diesem Buch lieber davon lesen, wie es euch
gelingt, besser als bisher zu schlafen?

- Dann verzichte mit (Klein-)Kind im Gepäck auf den Besuch von Schnellrestaurant, Riesenmegaeinkaufszentrum und Co.

- Achte beim Transport deines Kindes darauf, dass du es Bauch an Bauch trägst. So kann es jederzeit „zurück zu Mama" und hängt nicht planlos mit dem Gesicht nach vorne in eine manchmal überfordernde Wirklichkeit oder liegt allein im Kinderwagen.

- Lass dein Kind außerdem spüren, dass du es liebst und jederzeit für es da bist.

Ja, die gute Zeit. Durch nichts in der Welt ist sie zu kaufen und daher viel wertvoller als Gold. Wie viel Zeit möchtest du deinen Kindern und deinem Mann schenken? Und danach gleich eine weitere Frage an dich: Wie viel Zeit bist du dir selber wert? Überlege doch mal in Ruhe, was das bedeuten könnte.

Wenn auch die größeren (Still-) Kinder flügge werden

Du kannst in der Tat viel gute Milch selber machen, ohne Zusatz von Konservierungsstoffen und vollkommen gratis (wir lassen jetzt einmal den Faktor außer Acht, dass du für das Erzeugen deiner Milch etwas mehr Nahrung und Flüssigkeit zu dir nehmen wirst, als dies der Fall wäre, wenn du nicht stillen würdest). In einer ausführlichen Stillzeit kannst du sogar mehrere Badewannen voller Muttermilch füllen!

Sieh mal an dir runter und bewundere deinen Frauenkörper. So perfekt hat dich die Natur ausgestattet, dass – ja, dass das Stillen schon ein oder zwei Weilchen dauern kann oder über die Weilchen hinweg einige Jahre anhält. Es ergibt sich einfach, dass du – eventuell sogar nach schmerzhaften Anfangsproblemen – dabei bleibst und auch dein Kind oder deine Großkleinkinder leckeren Gefallen an deiner köstlichen Allzeitbereitnahrung finden.

Doch irgendwann ist es hier ähnlich wie mit deinem Mann: Du kannst die großen (Still-)Kinder nicht mehr länger in deinem Mutterbett ertragen und wünschst dir ihr Flüggewerden herbei. Weil sie vielleicht hörbar laut Daumen lutschen beim Einschlafen oder sich wie magnetisch aufgeladen immerzu in deine Richtung wälzen und du auf diese Art und Weise fast die ganze Nacht „auf der Flucht" bist.

Da hilft selbst der beste und komfortabelst ausgestattete Babybalkon von zwei Metern Breite nichts, denn deine Kinder werden dich immer riechen und nächtens aufspüren, egal, wie weit weg du dich in die hinterste Ecke deines Bettes verkriechst.

Der vermeintliche Nachteil ist jedoch zugleich auch ein Vorteil, denn (Still-)Kinder gehen nachts, auch wenn sie extra schlafen, nicht verloren. Du kannst also davon ausgehen, dass sie selbstständig zu dir laufen und ins Bett krabbeln werden, sobald sie in der Lage sind, im Schlafsack gerade Schritte zu tun.

Dieser Test, ob ein Kind im Schlafsack ohne hinzufallen gehen kann, kann dir als Anhaltspunkt dienen, ob es schon an der rechten Zeit ist, dem Stillkind seinen Platz im eigenen (Mehr-)Kind-Zimmer zuzuweisen. Aber das ist natürlich nur die halbe Wahrheit, denn ein Lauftest im eigenen Schlafsack kann maximal den motorischen Fähigkeiten deines Kindes in Sachen Alleinschlaf nachspüren und es ist außerdem mehr als fraglich, ob dich das Kind nicht lieber doch mittels Lautgebung zu sich ruft, anstatt sich selbstständig auf den Weg in dein Bett zu machen.

Der andere, noch viel wichtigere Punkt ist nämlich die emotionale Ebene. Und hier kannst du durch keine wie auch immer geratene Messlatte herausfinden, ob auch dein Kind schon ein Soloschläfer sein möchte, oder ob es viel lieber noch in deiner Nähe vor sich hinschnarcheln würde und die vollste Portion Mutterschaft von dir bekommen möchte, die es kriegen kann.

Jedes Kind wird hier seine eigenen Bedürfnisse anmelden, und es liegt nun an deinem Fingerspitzengefühl, den für alle Seiten richtigen Zeitpunkt des Soloschlafens zu erkennen. Während das eine Kind schon vor dem Eintritt in den Kindergarten stolz ist auf sein eigenes Bett und sich selbstständig auf die Füße macht, wenn es dich die eine oder andere Nacht doch noch einmal braucht, hängt ein anderes Kind vielleicht noch viel länger an dir und deinem nächtlichen Schlafbeistand.

 Sei daher geduldig mit dir und mit deinem Nachwuchs, denn das Kind oder die Kinder ganz einfach so auszuquartieren wie deinen erwachsenen Mann, kann tiefe, verletzende Spuren in der zarten Kinderseele hinterlassen. Ein Kind sucht deine Nestwärme, es möchte mit dir kuscheln und dich um sich wissen. Lass dich daher nicht von irgendwelchen Schwätzern verunsichern, die glauben, dir sagen zu müssen, dass du dein Kind verwöhnst, wenn du es – noch immer! – in deinem Bett schlafen lässt.

Erinnere dich zurück an deine eigene Kindheit. Vielleicht fällt dir ein, wie lange du selbst zu deiner Mutter unter die Bettdecke gekrabbelt bist (und frag sie bei der Gelegenheit doch mal, ob sie nicht lieber deinen Vater herausgeschmissen hätte, weil ihr der nachts auf den Keks gegangen ist, als du noch recht klein warst ...).

Wenn dein Kind allerdings alleine schlafen möchte, weil es sich schon auf dieses Abenteuer einlassen möchte, dann hindere es nicht daran, sondern erkenne seinen Wunsch als Zeichen des Heranreifens an.

Vermutlich möchte es dennoch weiterhin von dir ins Bett gebracht werden oder sogar haben, dass du dich noch eine Zeitlang zu ihm dazulegst – und hier kann wieder dein bereits ausquartierter Mann wirkungsvoll in Erscheinung treten. Denn er kann – je nachdem, welches Ritual zum kindlichen Einschlafen ihr beide für euch als liebevoll und gut herausgefunden habt – zumindest einen Teil des Nachtexpresses fahren, indem er dir beim Zu-Bett-Bringen hilft.

Vielleicht übernimmt er irgendwann sogar alleine das Einschlaf-Ritual und du schließt dieses Kinderkapitel zumindest für diese(s) Kind(er) für dich ab.

Was so viel bedeutet wie: vorläufig abschließen. Denn in Zeiten von Krankheit oder wachstumsspezifischen Entwicklungen sind Kinder immer wieder einmal sehr anhänglich und wollen zurück zu ihrer Mama, auch nachts. Lass es ganz einfach zu und hinterfrage nicht lang und breit die Ursachen. Kinder sind auch nur Menschen und deshalb so verschiedenartig wie die Menschen selbst.

Menschen ohne Kinder werden vermutlich nie nachspüren können, welche große Herausforderung es jeden Tag aufs Neue ist, seine Kinder von der realen in die Traumwelt zu verabschieden. Das Stillkind an deiner Brust schläft ein, sobald es satt ist und sich mit liebkosender Wärme angefüllt hat. Doch später, wenn die Frage über schläfst-du-schon-oder-doch-noch-nicht nicht mehr an der mütterlichen Brust entschieden wird, wirst du andere Optionen als das Einspritzen des süßen Einschlaftrunks in Betracht ziehen müssen.

So hat jede Kinderzeit ihre ganz speziellen Herausforderungen, und es ist an dir/euch, gemeinsam mit deinem/eurem Kind daran zu wachsen.

Flexibel schlafen unterwegs

Eine spezielle Herausforderung, auch für größere Kinder (und dazu zählen auch die ganz großen, nämlich Mama und Papa), ist das Schlafen außerhalb der eigenen vier Wände.

Da hätten wir zum Beispiel die Sondersituation „Urlaub", die gut geplant sein möchte, damit der vermeintliche Erholungsaufenthalt am Meer für dich nicht zum nächtlichen Kinderberuhigungsmarathon mit einem Erholungswert von minus 7 wird.

Stimme deine Kinder (und euch Eltern) rechtzeitig auf die kommende Umgebungsveränderung ein und erkläre (auch den kleinen Kindern), was nun passieren wird und welche anderen Eindrücke und unter Umständen auch klimatischen Bedingungen euch erwarten werden. Und mit Klima sind an dieser Stelle nicht nur die Außentemperatur und die Luftfeuchtigkeit gemeint, sondern zum Beispiel auch der Umstand, dass ihr euch alle auf diesen Urlaub freut und Papa und Mama sich in diesem erholen möchten.

Doch wie anstellen?

Eine schlaue Freundin von mir, selbst Mutter von drei inzwischen erwachsenen Söhnen, sagte einmal zu mir: „Ein Urlaub mit Kindern ist nur dann eine Erholung für die Eltern, wenn es in Wirklichkeit ein Urlaub für die Kinder ist und die Eltern in ihren Wünschen zurückstecken."

Da hat sie wohl ein wahres Wort gelassen ausgesprochen, denn während ich mich schon urlaubend auf dem Weg nach Irkutsk in der dritten Klasse der Transsibirischen Eisenbahn sah, fiel – ich muss gestehen – als Erstes meinem Mann auf, dass dies mit den Kindern (und den Hunden) im Gepäck wohl ein etwas anstrengendes Unterfangen sein würde.

Womit wir einmal mehr beim Kernthema dieses Buches angelangt sind, dem schönen lieben Schlaf.

Denn die Waggons der dritten Klasse in der Transsib hätten astreines Familienbett-Flair auf Zeit gehabt, mit dem von Reisenden gelobten Vorteil, Land und Leute so am besten kennenzulernen.

In der Tat: Auch im Familienbett lernt man nicht nur Land und Leute, sondern vor allem auch die verschiedenen Uhrzeiten des Tages und der Nacht oft besser kennen, als einem lieb ist. Die Nacht bekommt in ihren Ausdünstungen eine völlig neue Qualität, denn wer – außer vielleicht einem Schichtarbeiter – hätte schon früher von sich behaupten können, fast regelmäßig zu diversen nachtschlafenden Zeiten geweckt zu werden? Wobei hier meiner Erfahrung nach vor allem die Stunde zwischen vier und fünf Uhr morgens eine besondere Anziehungskraft auf Schlafstörer hat.

Warum dies so ist, habe ich bislang noch nicht herausgefunden (wohl aber in jahrelanger Beobachtung meines Umfeldes bemerkt, dass sich viele zu Hause geborene Kinder just ebenfalls in dieser Stunde auf den Weg ans frühmorgendliche Erdenlicht machen).

Doch zurück zum sogenannten Urlaub.

Richte dich bei einem freiwillig geplanten Ortswechsel auch selbst möglichst gut auf die voraussichtliche Situationsänderung ein und setze dich nicht mit einer allzu hohen Erwartungshaltung unter Druck. Denn sämtliche heimische Schlafprobleme – von wem auch immer – werden am Urlaubsort voraussichtlich nicht über Nacht gelöst sein, sondern vorläufig eher eine deutliche Intensivierung erfahren.

Die Tipps, um die allerschlimmsten Anfänger-Fehler abzuwenden, hast du weiter oben schon gelesen.

 Dennoch hier abermals in Kürze, worauf es beim Schlafschön-Urlaub unter anderem ankommt:

- Sind genügend Schlafräume für die von euch gewünschte Schlafsituation verfügbar und hast vor allem du als Mutter genau das Bett, das du dir wünschst? Falls nein: Steht eine Alternative für dich bereit? Eventuell eine selbst mitgebrachte, klappbare Matratze oder Ähnliches.

- Kann dein Mann in einem Extrabett schlafen, damit er dich nachts nicht stört?

- Sind die Kinderbetten gegen nächtliches Herausfallen oder Herunterstürzen (unbekannte Stockbetten mit unbekannt zuverlässiger Höhensicherung!) ausreichend gesichert und wurde das Ein- und Aussteigen ausreichend geübt, auch bei (simulierter) Dunkelheit (und im Schlafsack)?

- Ist der nächtliche Weg der Kinder zu deinem Bett (ja, sie werden dich suchen, zumindest fallweise) ausreichend mit Nachtlichtern beleuchtet und hast du diesen Weg mit den Kindern am Tag und bei (simulierter) Dunkelheit eingeübt? Du kannst vorausblickend auch den Weg zum väterlichen Bett einüben und den Kindern diesen schmackhaft machen, lass dir etwas einfallen...

- Ist die Bettwäsche angenehm, nicht zu warm und nicht zu kalt? Wer im Sommer schwitzt und im Winter friert, wird arg unangenehme Nächte mit unnötig vielen Schlafunterbrechungen haben. Für den Winter empfehlen sich Bettsocken und für den Sommer reicht eventuell der Überzug der (mitgebrachten) Bettstücke als Bedeckung aus, wie es in südlichen Ländern üblich ist.

- Lässt sich die Urlaubswohnung nachts ausreichend verdunkeln? Du kannst zur Not Handtücher oder Pappkar-

tons verwenden, aber besser ist es natürlich, geeignete 61
Markisen oder Rollos zu haben, die (eine nachts sehr lange scheinende) Sonne und weitere Lichtspender von außen (z.B. grelle Autoscheinwerfer oder Straßenlaternen) ausblenden.

- Sind leuchtende oder surrende Geräte in einem der Schlafzimmer? In südlichen Ländern steht häufig ein Ausziehsofa in der Wohnküche. In dieser befindet sich meist auch der Kühlschrank, der sich – murrrrrrrr murrrrrrrr – von Zeit zu Zeit lautstark zu Wort meldet und dich (oder einen anderen Aufgeweckten) daran erinnert, gerade wach zu sein.

- Ist – etwa an der sandstrandlastigen und kinderfreundlichen Adria – eine starke Mückeninvasion zu befürchten und hast du genügend ungiftige Barrierenetze dabei, um dir die Biester zumindest nachts im Schlaf vom Leib zu halten? Mücken sind wohl häufiger, als man annimmt, an richtig verkorksten Urlauben Schuld. Gehe daher mit aller Vehemenz, aber ohne Nervengift zu versprühen, gegen sie vor. Mückennetze am Fenster sind die beste Option, während herabhängende Mückennetze über den Betten für kleinere Kinder eher ungeeignet sind, weil sie sich darin nachts verheddern können und in weiterer Folge alle am Urlaub Beteiligten aufwecken. Es sei denn, diese Art des Mückenschutzes ist auch zu Hause bei euch bekannt.

Falls alles nichts hilft und die Mücken gestochen haben: Muttermilch und Speichel sind hier zwei lindernde Mittel, die du nicht erst in einer Apotheke zu kaufen brauchst. Alles andere musst du dir prophylaktisch besorgen und mit dir führen. Achte dabei auf die Kinderverträglichkeit und die enthaltenen chemischen Giftstoffe. Letztlich ist alles das, was Mücken und weitere Insekten killt (Insektizide) oder gegen die von ihnen abgegebenen Stoffe angeht (chemische Juckreiz-Linderer), grundsätzlich mit Vorsicht zu genießen. Vor allem sogenannte Gelsenstecker können Nervengifte enthalten, die für (kleine) Menschen gesundheitsschädigend sind. Daher ist die Barrieremethode zur Befallsvermeidung bei Mücken die beste Wahl, und nicht erst das Bekämpfen der Invasion bzw. das chemisch bewirkte Abschwellen der erlittenen Stiche.

- Ist eine Klimaanlage vorhanden? Auch wenn du zu Hause noch nie eine verwendet hast, könntest du in südlichen Ländern froh sein, eine zu haben, zumindest in der Nacht. Achte aber auf die Sauberkeit der Lüftungseinheit (ggf. vor der Benützung desinfizieren) und die durch die Klimaanlage entstehende Zugluft. Ihr wollt vom Urlaub am Meer ja nicht mit einem bösen Husten nach Hause kommen, der dank der Klima-Virenschleuder auf euch sitzen geblieben ist. Auch simple Ventilatoren können wahre Dreckschleudern sein, daher überprüft auch diese und ihre Umgebung auf die erforderliche Reinheit.

Du hast nun einige Überlegungen bei der Hand, wie du die außerhäusliche Schlafsituation recht gut gestalten kannst.

Doch vermutlich wirst du bei jeder neuen Urlaubsdestination aufs Neue gewissen Herausforderungen gegenüberstehen, die du so noch nicht kanntest.

Wichtig ist dabei, Gefahren für kleine Kinder (insbesondere Sturzmöglichkeiten, heiße und scharfe Gegenstände sowie Wasser) zu meiden und das neue Domizil als Erstes einer gründlichen Überprüfung zu unterziehen. Ansonsten gilt: Der Gestaltungsvariante für Urlaubsschlafstätten sind fast keine Grenzen gesetzt, denn üblicherweise ist neben den Betten nicht allzu viel störendes Mobiliar vorhanden. Betten können daher manchmal voneinander getrennt, herumgetragen oder

zusammengeschoben werden, sodass sich teilweise eine
ganz neue Wohnungsaufteilung ergibt.

Beispielsweise eine mit einem eigenen Mutter-Kinder-Ma-tratzen-Bett-Zimmer, das aus allen verfügbaren Matratzen besteht, die sich finden lassen (vergiss nicht die Matratzen-Deponie in eigentlich unbenutzten Stockbetten!). Und eines ist bei diesem Zimmer klar: Wenn so gut wie der ganze Raum voller Matratzen ist, kann weder jemand in der Besucherritze verloren gehen, noch unbemerkt auf den Boden stürzen. Bei einer Matratzenhöhe von etwa 30 Zentimetern lässt sich das eventuelle Herabrollen eines Kindes durch Jacken, Decken oder Handtücher abmildern, und keiner braucht Angst vor ge-fährlichen nächtlichen Eskapaden zu haben.

Vergiss aber nicht, trotz der eifrig umgeplanten Urlaubswoh-nung und der vor allem für die Kinder spannenden Schlafsitu-ation, einen Not-Schlaf-Ausgang für dich als Mutter bereit zu halten.

Es kann daher sein, dass du deinem Mann im Urlaub das Sofabett streitig machst und ihn zwangsweise ins nunmehri-ge nur noch Kinder-Matratzenlager verfrachtest, um endlich einmal ungestört schlafen zu können. Zumindest für ein paar Stunden.

(Denk für diese kostbaren Stunden an deine Ohrenstöpsel wegen des surrenden Kühlschranks in der Wohnküche.)

Durchschlafen? Ein Fremdwort.

Als mein Mann und ich uns kennenlernten, hatte ich einen alten Hund. Eines Tages erwischte er etwas Übles zu fressen und hatte in der Nacht mehrfach das Bedürfnis, seinen Darm in dünnflüssiger Art und Weise zu entleeren. Mein Mann war dran, weil für nächtliche Hundeaktivitäten damals eben er dran war, und nach der vierten Runde vor die Haustür in Richtung des nächsten öffentlichen Baums sah man ihm diese Anstrengung am nächsten Tag an.

In der Firma berichtete er einem Kollegen von den Eskapaden unserer Lulla und erzählte, dass er in der vergangenen Nacht mehrfach wach gewesen sei und daher auch nicht durchschlafen habe können. Der Kollege, selbst Vater von zwei Kindern, lachte nur und meinte: „Durchschlafen, was ist das? Das kommt bei uns schon seit Jahren nicht mehr vor."

Mein Mann und ich belächelten damals diese Aussage, denn wir waren ja noch kinderlos und sahen in der nächtlichen Hundestörung die schlimmstmögliche Störvariante unseres Dauerschlafes.

Jahre später wussten wir, dass der Kollege so was von Recht gehabt und einfach nur das formuliert hatte, was wohl die meisten Eltern mit Kindern des Nachts erwartet: regelmäßige Ruhestörungen.

Warum sich nicht nur das Märchen vom harmonischen Familienbett, sondern auch das vielleicht noch üblere Märchen vom sogenannten „Durchschlafen mit Kind" immer wieder weitererzählen lässt, entzieht sich meiner Kenntnis. Ich war immer offen zu den Leuten, die mich fragten, und zählte meine diversen Schlaflöcher auf. Auch riet ich schwangeren Freundinnen, noch einige Monate vorauszuschlafen, weil das ungestörte

(Durch-)Schlafen in der ersten Kinderzeit erst mal ein Fremdwort sein könnte. Womit wir nämlich bei einem doppelseitigen Problem angelangt sind: Dem Durchschlafen aus kindlicher und elterlicher Sicht.

Ein Baby schläft, wenn es gesund ist und voll gestillt wird, in unterschiedlich langen und täglich verschieden gearteten Etappen. Nachts holt es sich über die Muttermilch unter anderem wertvolle langkettige Fettsäuren und gibt somit seinem Hirn, das insbesondere nachts wächst, wichtige Bausteine zum Weiterwachsen. Die Erwartungshaltung, das Baby möge, sobald es auf der Welt ist, durchschlafen, ist daher nicht nur abwegig, sondern auch ungesund. Denn das arme Babyhirn bekäme nachts nicht seine gute Nahrung und würde sein eigenes Wachstum geradezu selbst verschlafen.

Das Baby vor dem Einschlafen mit Muttermilchersatznahrung zuzudröhnen und somit eine halbwegs gute Garantie auf ein paar Stunden mütterlichen Dauerschlafes zu haben, ist zwar eine gesellschaftlich akzeptierte und straffreie Variante der Selbstverteidigung im Falle chronischer mütterlicher Überlastung, aber physiologisch sinnvoll ist diese Ernährungsvariante (auf Dauer) nicht besonders.

Zurück zum voll gestillten Baby und seinem wachsenden Hirn. Nun hat das Kindlein Phasen, die nicht vorauszusehen sind und daher höchst überraschend einsetzen, in denen es teils stündlich (tags wie nachts) an die Brust will, um dann wieder für mehrere Stunden keine Lust auf das weiße Gold zu zeigen. Vollstillende kennen daher vermutlich die Herausforderung, die auf permanente Entleerung gepolte weibliche Brust des Nachts als übervoll und spannend zu empfinden und es mit einem Säugling zu tun zu haben, der nicht im Traum daran denkt, daran zu saugen.

Was tun?

 Milch abdrücken (zum Beispiel in einen sauberen, hierfür geeigneten Gefrierbeutel) und diese gekühlt aufbewahren ist eine Möglichkeit. Das Baby dennoch zum Trinken zu animieren, ist eine weitere (einfach probieren, manchmal gelingt es und das Baby trinkt im Halbschlaf tatsächlich über seinen Durst). Der Mann wird als Abtrinker kaum in Frage kommen, denn erstens schläft er selber, und zweitens beherrscht er das fein ausgeklügelte kindliche Muttermilchabsaugen nicht in der für das sorgfältige Ausleeren erforderlichen Perfektion.

Wie auch immer du deine Milch an wen auch immer loswirst: Vermeide es, auf dem Bauch zu schlafen und abdrückende Wäsche zu tragen, denn ein schmerzhafter, fiebriger Milchstau ist keine empfehlenswerte Option.

Womit wir auch schon beim mütterlichen Durchschlafproblem wären. Denn das unbeschwerte In-den-Tag-Hineinschlafen gibt es nicht mehr. Vielmehr dreht sich alles um die Frage: Wie häufig werde ich diese Nacht wieder warum auch immer geweckt?

Als Stillende bekommst du – dies als Trost – gute Stillhormone von deinem Körper eingespritzt, die dich nach einer Stillpause (oder sogar während des Stillens) sanft in die (traumlose) Schlafwelt entgleiten lassen. Allein schon aus Selbstschutz solltest du es daher drauf anlegen, dein Baby die ersten sechs oder mehr Monate voll zu stillen und dich der mangelhaften Muttermilchersatznahrung zu verschließen. Denn Wasserkocher, Milchpulver und Co werfen garantiert keine Stillhormone für dich ab – die musst du schon selber produzieren –, sondern verursachen vor allem viel Arbeit.

Auch nach der Still- bzw. Fütterzeit leidest du als Mutter eventuell unter massiven Schlafstörungen. Vielleicht deshalb, weil du über Jahre hinweg beim Durchschlafen gestört wurdest und etwa deine Harnblase an eine regelmäßige nächtliche Entleerung gewöhnt wurde.

Hier kommen deshalb ein paar Tipps für dich, wie du als Mutter von etwas größeren Kindern wieder einen genüsslich dauerhaften Schlaf bekommen kannst.

Vielleicht magst du einige ja für dich ausprobieren oder tust dies bereits schon, und vielleicht erkennst du auch bei einigen Tipps, dass diese ganz gut für deine Kinder wären.

- Wer abends viel trinkt, muss damit rechnen, nachts auf die Toilette zu gehen. Vermeide daher eine große abendliche Flüssigkeitszufuhr (hierzu zählen auch flüssigkeitsreiche Obstsorten oder Suppen) und insbesondere harntreibende Substanzen (z.B. Kaffee, aber vielleicht reagierst du auch auf bestimmte Weinsorten oder andere Alkoholika mit häufigem Pinkeln, weil dein Körper den Alkohol rasch wieder loswerden will). Dass Alkohol für Schwangere, Stillende und gemeinsam-mit-Kind-in-einem-Bett-Schläfer nichts ist und auch in Kinderbäuchen absolut nichts zu suchen hat, weißt du bereits, deshalb gehe ich darauf nicht näher ein.

- Was für die normale Flüssigkeitszufuhr von Erwachsenen gilt, lässt sich auch auf Kinder anwenden. Kinder viel Wasser trinken zu lassen, ist zwar untertags eine feine Sache, aber wer erst um 18 Uhr darauf drängt, dass jetzt „genug getrunken wird", der stellt sich selbst eine Falle – indem er nämlich das Kind zu nächtlichen Klogängen animiert oder fallweise sogar ein nasses Bett riskiert, wenn die Kinderblase mit dem Getränkeüberangebot nicht mehr zurechtkommt. Verschiebe daher das viele Trinken auf untertags.

- Schweres Essen oder zuckerreiche Kost als Abendessen? Dass du nach dem fettigen Fondue oder nach zwei Bechern Pudding und vier Kugeln Eis eventuell nur schwer in den Schlaf findest, liegt auf der Hand. Denn dein Körper muss sich jetzt um die Umwandlung der zugeführten Nahrung kümmern und läuft auch Hochbetrieb. Gönne besser auch deinem Körper eine Auszeit von der Arbeit und halte das Abendessen eher karg, wenn du merkst, dass dich zu viel spätes Futter belastet. Wer abends seinen Kindern zuckerhaltige Säfte oder Speisen füttert, muss damit rechnen, dass der kindliche Motor wieder zündet und der Nachwuchs seine Energien durch Herumhampeln und Wildwerden abbauen und u.a. in Muskelmasse umwandeln möchte. Daher gilt auch hier: Weniger ist mehr. Orangensaft, Eis und Schokoladenbrot haben beim Abendessen nichts verloren. Aber auch blähende Nahrungsmittel können über Nacht eine übellaunige Wirkung entfalten. Hier wird jeder für sich herausfinden, was er verträgt und mag. Traue deinem Kind seinen eigenen Geschmack zu, wenn es nachts den liebevoll zubereiteten Blattsalat und andere weniger gut verdaubare Köstlichkeiten verschmäht.

- Du bist jetzt Mama, und auch wenn du dir früher die scheußlichsten Gruselfilme im Fernsehen angeschaut hast, ist dein Mamahirn momentan vielleicht zu beschäftigt oder unausgeschlafen, um solche audiovisuellen Genüsse ausreichend verarbeiten zu können. Dazu zählen etwa auch Fernsehkrimis, in denen Kinder ermordet oder missbraucht werden, und die du früher vielleicht unter der Rubrik „mäßig spannend" abgespeichert hast. Nun könntest du genau diese Geschichten mit in deinen Schlaf nehmen und Einschlafprobleme haben oder schlecht träumen, was ja auch nicht sein muss. Entscheide daher schon im Zuge der Programmvorschau, welche Filme du dir um deiner selbst willen derzeit nicht ansehen wirst. Dass Fernsehen auch für kleine Kinder in der Regel keine passende Abendbeschäftigung ist, hast du vielleicht schon selbst herausgefunden. Es gibt zahlreiche andere Rituale, sich auf das Schlafengehen einzustimmen. Ein Gespräch über den vergangenen Tag oder etwa die bewährte „Gute-Nacht-Geschichte" können helfen, die Gedanken ins Traumland ziehen zu lassen.

- Vielleicht ist gute Musik (und ein schönes Nachtlied für deine Kinder) eine feine Alternative für dich, oder du machst, anstatt faul auf dem Sofa vor der Glotze zu liegen, ein bisschen Gymnastik oder Yoga – gerne auch gemeinsam mit den Kindern. Gerade Mamas Rücken und die Halswirbelsäule sind vom vielen Kinderschleppen und oft ungünstigen Verrenken fehlbeansprucht und brauchen eine wirkungsvolle, stärkende Entlastung. Auch Schwimmen bietet sich an, jedoch wohl weniger kurz vor dem Schlafengehen in Ermangelung des eigenen Schwimmbads im Keller. Wenn du jedoch gerade am Meer urlaubst, kannst du das nächtliche Schwimmen nach Gusto in dein kräftigendes Entspannungsprogramm aufnehmen und dir diesen Nässe-Luxus gönnen.

- Bereits weiter oben erwähnte ich, dass man mit schweren Gedanken im Kopf weniger gut einschlafen kann. Meine Oma sagte stets, wenn es irgendeine Form des Zwists gab: „Vor dem Einschlafen soll man sich wieder vertragen." Wie recht sie doch hatte! Denn speziell der Grant auf andere kann sich massiv schlafhindernd auswirken und ist daher absolut kontraproduktiv, wenn du zu einem zuverlässig guten Schlafmuster zurückfinden möchtest.

Bestimmt wirst du über die Jahre auf weitere gute Möglichkeiten der Schlafförderung kommen.

Dazu zählt vielleicht auch der Sex mit deinem Mann (wo auch immer er stattfindet) oder eine Städtereise für dich allein, die du als Teilzeit-Stillende für einige Tage ohne Milchstauprobleme planen kannst.

Ab und zu komplett Abstand von der Familie zu bekommen, kann umso mehr Lust auf zu Hause machen und lässt dich den Alltag aus einer neuen Perspektive betrachten.

Warst du schon einmal in Berlin, Hamburg oder Amsterdam? Oder hast du Lust auf den Süden und eine Fahrt gemeinsam mit Freundinnen?

Besprich dich mit deinem Mann, den Eltern oder den Schwiegereltern, was die Versorgung der Kinder in deiner Abwesenheit angeht, und genieße es, einmal wieder ganz für dich alleine zu sein. Alle neuen Eindrücke, die du mitbringst (und vielleicht auch das ein oder andere Geschenk für die Kinder), wirken sich nachhaltig positiv auf dein Mamasein aus und befruchten euer gemeinsames Familienleben.

Immerhin sind wir Mütter traditionell eher die, die am heimischen Lagerfeuer bzw. Herd zu tun haben und unseren Kindern die Muttersprache lehren. Der Mann schwirrt aus, auf der Jagd nach was auch immer.

Entdecke auch in dir die Jägerin, die voller Neugierde nach Neuem sucht. Und wenn es keine Flugreise mit Hotel sein kann, reicht für den Anfang vielleicht ein Städtebummel mit der besten Freundin ohne Kinderbegleitung aus. Setze dir erreichbare Ziele und finde heraus, wonach dir ist.

Langfristig wird auch dein Mann von deiner offenen Art profitieren, denn ihm ist vielleicht nur wenig geläufig, wie eintönig und teils auch frustrierend das über gewisse Strecken eher monoton anmutende Leben mit dem/den versorgungspflichtigen Kleinkind(ern) sein kann.

Schlaf-Mixe und fröhliches Bettenwechseln

Hütchenspielen ist nichts für dich, weil man dabei nur verlieren kann? Damit hast du vielleicht recht, aber wenn aus den Hütchen Betten werden, bist du plötzlich Teil des Spiels – ob du willst oder nicht.

Spätestens, wenn du als Mutter das erste Mal ohne Kind außer Haus schläfst, könnte dein Partner deine bisherige Bettposition einnehmen und erstmalig zum alleinigen Vater-Kind-Schläfer mutieren. Aber auch im normalen Schlafalltag werden sich nach und nach vermischte Schlafpositionen und Bettfluchten herauskristallisieren, die bislang noch nicht zur Sprache kamen.

Sei daher für (fast) alle Varianten offen und lass dich von der Kreativität deiner Kinder (und auch von eurer Kreativität als Eltern) überraschen. Wobei generell gilt: Wenn Mama/Papa/Kinder mit dem Schlaf der vorherigen Nacht nicht zufrieden waren, sollte das am nächsten Tag thematisiert werden. Denn fast immer ist Raum zur Verbesserung, und manchmal haben schon kleine Veränderungen unerwartet positive Auswirkungen.

Mögliche Schlaf-Mixe (teils mit mehrfachen Änderungen pro Nacht), die dich erwarten können, sind zum Beispiel:

- Die Mutter flüchtet vom Mutter-Kind-Bett ins Ersatzlager.

- Die Kinder reisen der Mutter ins Ersatzlager nach, woraufhin die Mutter ggf. wieder ins Mutter-Kind-Bett zurückzieht (und ebenso die Kinder).

- Die Mutter kehrt von sich aus ins Mutter-Kind-Bett zurück, weil sich das Baby meldet, das ja noch nicht selbstständig verreisen kann.

- Die älteren Kinder verreisen in das Ersatzlager des Vaters.

- Der Vater flüchtet wegen der Kinder ins Mutter-Kind-Bett.

- Die Mutter flüchtet wegen des Vaters in ein freies Bett der Kinder, weil das Ersatzlager durch Kinder blockiert ist.

Alleine an diesen Varianten sehen wir:

Alle in Frage kommenden (auch Urlaubs-)Ersatzlager sollten kindersicher gestaltet sein (Rausfallschutz etc.), und zu kleine Kinderbetten können sich bei der mütterlichen Flucht in selbige als Nachteil herausstellen. Es lebe in diesem Falle die Embryonalhaltung und deine beim Yoga geschulte Bewegungsfähigkeit.

Ein Trost am Rande: Auch wenn es dir so vorkommt, als habe die vorhergehende Nacht fast nur aus Unterbrechungen und bewachten Schlafstörungen bestanden – meist ist die Situation in der Verklärung noch schlimmer als in der Realität. Freu dich daher nach jeder Schlafstörung bewusst aufs Wiedereinschlafen und lass innerlich ganz los.

Schon bald wirst du dich an die ehemals erlittenen Hack-Nächte nicht mehr so gut erinnern und vielleicht sogar deinen Bekannten davon erzählen, dass das mit dem Mutter-Vater-Kind-Schlafen bei euch damals ganz einfach und unkompliziert war. Anstrengende Kinder-Erinnerungen lässt uns Mutter Natur offenbar gerne auch mal vergessen, damit wir weiter ans Züchten von Nachwuchs denken.

Und wer weiß, vielleicht passiert ja genau das in der ersten wirklich störungsfreien Nacht seit Jahren.

Zufriedener durch eine kleine, feine Erwartungshaltung

Eine liebe Freundin von mir meint: „Ich habe nie probiert, die beste aller Mütter zu sein. Ich fand, eine hinreichend gute Mutter zu sein, ist gut genug." Vielleicht verstehe ich erst jetzt, wie wertvoll diese Lebenseinstellung ist. Denn, seien wir ehrlich zu uns: Gerade beim ersten Kind wird Vieles allzu eng gesehen und mit einer „Es-muss-sofort-erledigt-werden"-Haltung auf anstrengende Art und Weise betrieben. Sobald du für dich aber herausgefunden hast, dass du langfristig nur dann die Bedürfnisse der anderen befriedigen kannst, wenn zuerst deine eigenen Bedürfnisse befriedigt wurden, hast du eigentlich schon gewonnen.

Was das heißt, fragst du mich? Denke an das Praxisbeispiel im Flugzeug. Bei der Erklärung, wie die Sauerstoffmasken zu verwenden sind, kommt jedes Mal der Hinweis: Kümmern Sie sich als Erstes um sich selbst und helfen Sie dann anderen. Was ja auch logisch ist, denn ein Passagier, der selber wegen Sauerstoffmangels bewusstlos geworden ist, kann auch keinem anderen mehr behilflich sein.

Du sollst in deiner Mama- und Familienzeit jedoch weder unnötigen Sauerstoff- noch Schlafmangel erleiden. Gehe daher mit deinen Kindern viel nach draußen, tanke gute Sonnenkraft und frische Luft und genieße diese Zeit, in der du zu weniger eigenen Dingen kommst, als du bislang gewohnt warst. Die Familienzeit mit Kindern ist von anderen Qualitäten geprägt, und letztlich geht speziell die Kleinkindphase rückblickend sehr rasch vorbei.

Du hast, wenn du dich am Spielplatz um deine Kinder kümmerst, nicht die Verpflichtung, gleichzeitig am Smartphone deine E-Mails zu lesen. Lasse dich voll und ganz auf das Abenteuer Kind ein und bedenke, dass es die Definition der „perfekten Mutter" ohnehin nicht gibt. Wenngleich etliche Frauenzeitschriften immer wieder ähnlich dümmliche Auszeichnungen erfinden.

Bringe deinen Kindern aber auch bei, dass du ein Recht auf Mamazeit hast, und mache sie mit gewissen Mama-Routinen vertraut, bei denen du dich nur ungern stören lässt.

Wenn du schon den guten Schlaf über weite Strecken für das Aufziehen deiner Brut opfern musst, so sollte es dennoch (und auch kleine Kinder verstehen Mamas Bedürfnisse schon sehr genau!) doch wenigstens untertags Etappen der mütterlichen Erholung geben, in denen du nicht sofort abrufbereit und zu diversen Dienstleistungen verpflichtet bist.

Während diese Etappen in der allerersten Kleinkindphase vielleicht sogar auf das schlafende oder mit der Rassel spielende Baby beschränkt sind, können etwas größere Kinder Mamaregeln erkennen und auch akzeptieren lernen. Übe dich in der Konsequenz, die für dich täglich bestimmte Mamazeit auch bewusst einzufordern, damit allen Beteiligten klar wird, wie ernst es dir damit ist.

Vielleicht gibt es einen Sportclub bei dir, der stundenweise Kinderbetreuung anbietet. Leider kam ich erst nach dem zweiten Kind in den Genuss einer solchen Einrichtung, und ich möchte sie nicht mehr missen. Denn das ist wohl die ideale Kombination des puren Mamaseins: Etwas für sich zu tun, dabei die Seele baumeln lassen zu können und das Kind gut versorgt zu wissen.

Auch dein Mann dürfte sich darüber freuen, wenn er eine fitte, mit sich im Reinen befindliche Frau vorfindet, die ihren Beruf als Mama voll und ganz lebt und dabei dennoch sich selbst nicht vergisst.

Ob, wann und auf welche Weise du wieder in den Beruf einsteigst, wirst du für dich entscheiden, vermutlich auch abhängig von der finanziellen Gesamtlage eurer Familie. Aber auch hier gilt: Die Kinderzeit kommt nicht zurück, und leider sind wir momentan zumeist weit davon entfernt, Müttern mit Kind eine realistische Chance auf berufliche Verwirklichung zu bieten. Eventuell möchtest du dich ja umorientieren oder selbstständig machen, damit du flexibel tätig sein kannst, so wie ich es damals nach der ersten Geburt gemacht habe.

Denke dabei aber daran, dass insbesondere die ersten Jahre der Selbstständigkeit Knochenarbeit und nicht nur von mütterlichem Schlafentzug, sondern auch von durchgearbeiteten Nächten geprägt sein könnten.

Daher gleich noch einmal zurück zum Thema Schlafen:

- Die absolut befriedigende Schlafsituation wird sich voraussichtlich erst über Jahre und nicht schon innerhalb weniger Tage zeigen. Zumindest dann, wenn du vorhast, dein Kind längere Zeit zu stillen und viele Jahre begleitend Tag und Nacht für es da zu sein.

- Sei duldsam mit dir und deinem Kind und erwarte keine Schlafwunder. Deine hohe Erwartungshaltung könnte andernfalls in arge Enttäuschung umschlagen und dich zu einem unbefriedigten Wach-Schläfer verwandeln, der die Geschichten der anderen vom permanent durchschlafenden Säugling glaubt.

- Weiter oben hast du außerdem schon gelesen, wie wertvoll das nächtliche Muttermilch-Nachtanken für Babys ist. Du kannst permanent durchschlafenden Säuglingsgeschichten also kontern und sagen: „Ich werde beim Stillen zwar für einige Male kurz wach in der Nacht, aber solange sich mein Baby dadurch Hirnmasse antrinkt, komme ich dem Bedarf gerne nach. Immerhin kann nur ich die perfekt passende Muttermilch für mein Baby produzieren, und man kann sie in keinem Geschäft der Welt und für kein Geld der Welt kaufen." Auch als Mama, die das Fläschchen gibt, brauchst du die „Es schläft schon lange durch!"-Geschichten nicht zu glauben und kannst vielmehr mit realitätsnahen Erzählungen punkten, die eine Nacht bisweilen in feine Scheibchen filetieren.

- Sei stolz auf deine Fähigkeiten als Mutter! Auch wenn du mit Neidern und komischen Reaktionen rechnen solltest.

Übrigens: Diese Art, die eigenen Fähigkeiten (welche auch immer dies sind) zu schätzen und täglich eine kleine, feine Erwartungshaltung an sich zu legen, die auch wirklich erfüllt werden kann, darfst du natürlich auch deinen Kindern (und sogar deinem Mann) beibringen.

Es könnte sich dadurch eine größere Zufriedenheit als bisher einstellen.

Als du vor deiner Zeit als Mama durch ein Möbelhaus mit all den schönen Doppelbetten flaniert bist, hättest du dir da gedacht, dass das mit dem Ein-, Durch- und Ausschlafen solche Dimensionen annehmen würde?

Wenn du nie Ein-, Durch- oder Ausschlafprobleme hattest und mit Kind(ern) und Mann im 180 x 200 cm-Bett total glücklich bist, dann herzlichen Glückwunsch, dass du trotzdem bis hierher durchgehalten hast! Du selbst brauchst diese Informationen offenbar also nicht, aber vielleicht begegnest du ab und zu völlig entnervten Jungmamas, die von deinem Wissen profitieren können.

Eigentlich gibt es an dieser Stelle nicht mehr viel zu sagen, denn das Wichtigste hast du bereits inhaliert.

Ich fasse dennoch, quasi als rasche Klo-Lektüre, die Quintessenz eines typischen Soloschläfers nochmals zusammen. Und inzwischen dürftest du eventuell sogar bemerkt haben, dass nicht nur der männerbefreite, sondern auch der kinderbefreite Soloschläfer in dir steckt:

- Als Soloschläfer unterwirfst du dich nicht der gesellschaftlichen Erwartungshaltung, mit deinem Mann in einem gemeinsamen Bett schlafen zu müssen. Schon gar nicht, wenn bereits Kinder da sind und diese (zumindest fallweise) ebenfalls in genau diesem Bett schlafen möchten.

- Die Brust hat immer recht, und solange du stillst, hat dein Mann sowieso nix in deinem Bett zu suchen. Du bist nun Soloschläfer mit Kind, und das ist gut so. Dein Mann darf ausziehen, und wohin genau, das besprecht ihr am besten zu zweit. Oftmals wird sich das Wohnzimmer anbieten – oder aber das eigentlich für den Nachwuchs vorgesehene Kinderzimmer. Vergiss nicht, deinem Mann dort ein Sofa mit Erwachsenenmaßen hineinzustellen und das zum Babybalkon umgebaute Kindergitterbett an deinem Mutterbett festzuzurren.

- Wenn du früher oder später nicht nur deinen Mann, sondern auch deine Kinder im Bett satt hast, hast du wohl schon eine ordentliche Dosis Kind(er) abbekommen. Traue deinem Soloschläfer-Instinkt und suche dir eine Rückzugsmöglichkeit, die es dir (zumindest stundenweise) erlaubt, den originalen Soloschlaf ohne Mitschläfer zu genießen.

- Nächtliches Stillen bzw. Füttern kann über die Jahre eine anspruchsvolle Nebenbeschäftigung für dich als Mutter sein und bringt den kinderbefreiten Soloschlaf fast vollkommen zum Erliegen. Erkläre deinem Großklein(still)kind deshalb zu gegebener Zeit, dass die nächtlichen Mahlzeiten ab sofort entfallen (und sei wenig streng mit dir, wenn du deiner eigenen Regel nicht immer folgst, weil es eben rascher erledigt ist, das Kind an die Brust bzw. Flasche anzulegen, als sich nachts mit ihm zum Thema Brust bzw. Flasche anzulegen). Wenn dein Großklein(still)kind in der Nacht Durst hat, bietet sich hierfür eine tropfsichere Wasserflasche an, die es bald selber zu „bedienen" weiß.

- Achte auf deine private Mamazeit, die es dir neben der Soloschläferzeit ermöglicht, halbwegs ganz du selbst zu sein. Bringe deinen Kindern (und, wenn nötig, auch deinem Mann) bei, dass es Zeiten gibt, wo du nicht präsent, erreichbar und „im unbezahlten Mamadienst" bist. Sie alle werden es umso mehr schätzen, wenn sie dich wieder für sich haben.

- Plane die gezielte temporäre Soloschläfer-Flucht von zu Hause, zum Beispiel mit kurzen Städtereisen, sobald sich dir die Möglichkeit dazu bietet und es deine Stillbrüste zulassen, dich für einige Nächte von zu Hause zu verabschieden. Neue Eindrücke beflügeln dein Hausmütterchendasein und erwecken in dir eine kosmopolitische Mama, die vom Reisen kommt und danach viel zu erzählen hat.

- Mache alles andere, was dir gut tut und nicht in diesem Buch steht, dennoch und erst recht. Als Soloschläfer bist du nämlich sowieso eine eigenwillige Person und unterwirfst dich nicht der Norm. Gut so!

Jahrzehnte früher: Leselampe und Schnarchnase

Früher, als unsere Eltern meinen Bruder und mich im fortgeschrittenen Kindesalter bei Oma und Opa in ihrem schönen Landhaus ablieferten, um endlich auch einmal für ein paar Tage kinderfrei zu haben (heute erst kann ich nachvollziehen, von welch unschätzbarem Wert diese kurzen Ruheoasen sind), schlief ich am liebsten mit Oma im Gäste-Doppelbett meiner Eltern.

Das war urgemütlich und spannend, denn Oma konnte mehrere Bankräubergeschichten nahezu lückenlos hintereinander erzählen! Das musste sie auch, weil ich spätestens nach der dritten so aufgekratzt war, dass an Schlaf erstmal nicht zu denken war.

Ein Problem gab es jedoch nach der jeweils letzten, absichtlich harmlosen Räubergeschichte: Oma ließ bis in die Puppen das Licht an, um ziemlich dicke Bücher zu lesen. Irgendwie fand ich irgendwann immer eine Position, in der mich Omas Nachtlicht etwas weniger störte, so dass ich einschlafen konnte. Doch auf diesen Etappensieg folgte jeweils Problem Nr. 2, und das war eigentlich noch viel übler als das Licht: Oma schnarchte nämlich wie ein rostiges Sägeblatt. Sie schnarchte so laut, dass meine Bettdecke bebte (und vielleicht – so meine späte Erkenntnis – war in Wirklichkeit Omas Schnarchen Schuld an den getrennten Schlafzimmern von Oma und Opa ...).

Aber Oma war schlau, denn sie wusste offenbar um die Tatsache, ein echtes Schnarchproblem zu haben, und wies mich beim Zubettgehen jeweils an, ihr die Nase zuzuhalten, wenn es wieder passierte. Sie wollte dann aufwachen und aufhören zu schnarchen. Natürlich probierte ich das mit dem Nasezuhalten aus, denn die theoretische Idee dahinter war ja auch wirklich gut. Oma machte nach dem Abklemmen der Nasenluft den Mund auf, wurde kurz wach, fragte, ob sie denn geschnarcht habe, rollte sich auf die andere Seite – und schnarchte weiter.

Rückblickend hat also nicht mal das Familienbett mit Oma klaglos funktioniert – allerdings diesmal aus Sicht des „geplagten" Kindes, was ja nun wieder der Grund für ein Buch aus komplett anderer Perspektive wäre. Aber für heute ist es dafür schon zu spät. Ich will vorschlafen, um kein Schlafdefizit zu entwickeln, und bin schon gespannt, ob mich (hier im Urlaub eines südlichen Badelandes) zuerst die Klimaanlage, die Tiefgarageneinfahrt oder aber meine Töchter daran erinnern werden, dass in der Nacht so einiges passieren kann. Vielleicht muss ich auch nur aufs Klo und wecke bei der Gelegenheit mit der Spülung alle anderen auf.

PS: Die Nacht ist um. Hätte ich doch die Inhalte meines eigenen Buches besser beherzigt!

Nachdem abends das Urlaubsbett der Kinder umgebaut worden war und ich den Rausfallschutz nicht überprüft hatte, kugelte meine Große mitten in der Nacht auf den Boden. Ein lautes Poltern weckte mich und führte außerdem dazu, dass meine bis dahin selbstständig schlafende kleine Beischläferin einmal mehr in mein ehemals als Solobett konzipiertes Nachtlager einzog.

Nachdem auch noch mein Mann in der Tür stand und das Licht anknipste, um nachzusehen, was los ist, machte der Lärm der Klospülung dann gar nichts mehr aus. Wir mussten uns nämlich alle erleichtern und gaben der zweiten Nachthälfte eine neue Chance. Er auf dem Sofa in der Wohnküche, und ich in meinem viel zu engen Mutter-Kind-Bett ...

Weitere Titel von Caroline Oblasser

Brüt es aus!

Die freie Schwangerschaft.
Methode mit Mama, Baby und Co

Für eine besonders aufregende Zeit, die andererseits auch ganz normal ist.

Lass es raus!

Die freie Geburt: Methode mit Gebärmutter, Scheide und Co

Zur wirkungsvollen Einstimmung auf das selbstbestimmte Gebären aus eigener Kraft.

Leg dich nieder!

Das freie Wochenbett: Methode mit Stillen, Schlafen und Co

Was kommt wirklich nach der Geburt? Für die ersten echten Mama- und Baby-Wochen.

Still die Badewanne voll!

Das freie Säugen: Methode mit Brüsten, Nippeln und Co

Das humorvolle Stillbuch. Mit speziellen Tipps bei schmerzhaftem Anfangsstillen.

Alle meine Tage

Menstruationskalender mit 50 freien Zyklusblättern
für die Selbstbeobachtung • mit Muster-
Zyklus und Kurz-Erklärung zur Natürlichen
Verhütung bzw. Familienplanung (NFP, NER).

Dies alles und noch viel mehr

findest du bei editionriedenburg.at

und im Buchhandel.

edition riedenburg
editionriedenburg.at